Verlag Bibliothek der Provinz

Herzlich,
Erika Hager

Erika Hager
GEH HIN, WO DER PFEFFER WÄCHST
Reisenotizen aus Nepal und Indien

OH TO BE WHERE THE PEPPER GROWS
A travelogue from Nepal and India

herausgegeben von Richard Pils

ISBN 978-3-99028-491-9

© *Verlag* Bibliothek der Provinz
A-3970 WEITRA 02856/3794

www.bibliothekderprovinz.at

Cover: Erika Hager

**KULTUR
NIEDERÖSTERREICH**

Erika Hager

GEH HIN, WO DER PFEFFER WÄCHST

Reisenotizen aus Nepal und Indien

*

OH TO BE WHERE THE PEPPER GROWS

A travelogue from Nepal and India

INHALT

Erste Himalaya Reise – Weihnachten 1984 8
First Himalaya Trek – Christmas 1984 9

Zweite Himalaya Reise – 1989/1990 34
Second Himalaya Trek – 1989/1990 35

Indien – der Norden – Frühling 1990 56
India – the North – Spring 1990 57

Indien – der Süden – Sommer 1999 80
India – the South – Summer 1999 81

Visum, Bandit und Ayurveda – 2003 104
Visa, Bandit, Ayurveda – 2003 105

Sehnsucht – 2008/2009 122
Yearning – 2008/2009 123

Umgang mit der Wirklichkeit 136
Coping with reality 137

Sehen, Urteilen, Handeln – 2015 160
See, Judge, Act – 2015 161

GEH HIN, WO DER PFEFFER WÄCHST[1]

OH TO BE WHERE THE PEPPER GROWS[2]

---

1 Die erste schriftliche Erwähnung dieses deutsch-holländischen Sprichworts ist »*Ach werents an derselben statt, do der pfeffer gewachsen hat*« in Tomas Murner's »Narrenbschwerung», Straßburg 1512. Wenn man etwas nicht haben konnte, oder etwas / jemanden nicht mochte, wünschte man ihn dorthin, wo der Pfeffer wächst, i.e. far away. Seine Bedeutung ist bis heute dieselbe geblieben. (Lutz Röhrich: Lexikon der sprichwörtlichen Redensarten, 5 Bände, Freiburg-Basel-Wien 1995², Band 4, S. 1159.)

2 The first written source of this Dutch/German proverb »*Ach werents an derselben statt, do der pfeffer gewachsen hat*« is Tomas Murner's »Narrenbschwerung«, Straßburg 1512. If there is something you cannot obtain, or someone/something you dislike, you wish him/her/it to the place where the pepper grows, i.e. far away. Its meaning has not changed until today. (Lutz Röhrich: Lexikon der sprichwörtlichen Redensarten, 9 Bände, Freiburg-Basel-Wien 1995², Band 4, S. 1159.)

Erste Himalaya Reise – Weihnachten 1984

Bücher können Freunde sein, wegbegleitend, ermutigend, inspirierend. Als ich in meiner Jugend »Sieben Jahre in Tibet« von Heinrich Harrer in die Hände bekam und mit Faszination verschlang, stillte es vor allem meine Sehnsucht nach der Fremde und dem Unbekannten und entflammte mein Verlangen nach fernen Abenteuern. Ich ahnte damals nicht, wie sehr diese geistige Begegnung mit den Menschen und der Landschaft der Himalayas mein Leben beeinflussen würde.

Viele Jahre später, 1984, wurde ich von Tony Bellette, einem meiner ehemaligen Universitätsprofessoren in Calgary, gemeinsam mit sechs weiteren Freunden zu einer Trekkingtour nach Nepal eingeladen. Geplant war eine Wanderung von Jiri bis zum Fuß von Mt. Everest und ein Rückflug von Lukla nach Kathmandu. Um die Weihnachtszeit ist das Wetter ideal für klare Fernsicht in den Bergen, und auf den sonnigen Terrassenhängen herrschen angenehme Tagestemperaturen.

Zur Akklimatisierung verbrachten wir einen Tag in der Hauptstadt, den ich dazu benutzte, um nach Bhaktapur zu fahren, neben Kathmandu und Patan eine der drei Königsstädte. Ich fuhr mit einem funkelnagelneuen chinesischen Fahrrad und orientierte mich an den elektrischen Kabeln für die Bustrolleys, eine sichere Wegführung für jene, die nepalesische Verkehrsschilder nicht lesen können. Außerdem war die Langsamkeit der Fortbewegung auf dem Rad angepasst an mein Wahrnehmungsvermögen in dieser neuen, wunderbaren Umgebung. In Bhaktapur umzingelte mich eine Schar von Buben, die mit Stolz das Fahrrad zum Schieben

First Himalaya Trek – Christmas 1984

Books can be good friends, nice company, can be encouraging, helpful and inspiring. As a child I devoured Heinrich Harrer's »Seven years in Tibet« quenching my thirst for the unknown and kindling a deep longing for adventures in far-away lands. At that time I was not aware how profoundly my mental and spiritual encounter with the people in the Himalayas would influence my adult life.

Many years later, Tony Bellette, one of my former professors at the University of Calgary, invited me – together with six other friends – for a trekking tour in Nepal. It was planned to go trekking from Jiri to the foot of Mt. Everest and to return by flight from Lukla to Kathmandu. Around Christmas time visibility and weather conditions in the mountains are excellent, and the average temperature on the sunny terraces is a most comfortable one.

In order to get acclimatized the group spent an extra-day in the capital, which I used to cycle to Bhaktapur, one of the royal cities beside Khatmandu and Patan. On a brand-new Chinese bicycle I followed the electric cables of the trolley-bus, a safe orientation for those unable to decipher Nepali road signs. Apart from that, the slow movement of cycling enabled me to take in the excitingly new and fascinating surroundings. In Bhaktapur a band of boys encircled me on my arrival, proudly took over to push the bicycle and gave me a unique

übernahmen und mir eine erstaunliche Führung durch die Stadt boten. So bekam ich nicht nur die Tempel zu sehen, sondern auch die Hinterhöfe, wo Wolle gefärbt wurde oder Menschen ein Bad nahmen. Nach meiner Rückfahrt gab ich in Kathmandu noch ein paar Briefe auf, und in diesen wenigen Augenblicken hat jemand das Rad dann mitgenommen – eine sehr unmittelbare Entwicklungshilfe, dachte ich mir.

In den achtziger Jahren gab es in Nepal nur wenige Straßen – eine von Kathmandu nach Süden Richtung Indien, nach Westen bis Pokhara und nach Osten bis Jiri, der Rest des Landes konnte nur ergangen werden. Wir sind unterwegs mit Sherpa AngKami, mit Trägern für die Zelte und mit einem Koch.

Entlang des Weges stehen Manisteine, in welche Gebete eingeschrieben sind: Gehe links an ihnen vorbei, damit sie dir Glück bringen! Auf Hügeln sind Stupas erbaut, kleine buddhistische Tempel, die von den Tibetern Chorten genannt werden. Wir kommen vorbei an winzigen Höfen, das Getreide ist zum Trocknen auf dem Vordach aufgelegt, zwei oder drei Ziegen und ebenso viele Kinder spielen vor dem Haus, während die Mutter auf dem Feld arbeitet. Der Vater ist wahrscheinlich als Träger unterwegs oder in einem anderen Ort beschäftigt. Die Dörfer sehen sauber aus, hier und da wird ein neues Haus erbaut. Wenn wir abends im Zelt sitzen, kommt ein Dorflehrer und erzählt, wie er mit fünfzehn Jahren von einem »match-maker« verheiratet wurde, erzählt von seinem Heimatdorf in Terai und von der Bedeutung des Königs für dieses hinduistische Reich.

Am nächsten Morgen begegnen wir Mönchen, die zum Dalai Lama pilgern, einer alten Frau, die von ihrem

guided-tour through the city. Not only temples, but courtyards in back alleys, where wool was dyed and people took their bath, opened up. After returning to Khatmandu I had to post some letters, and within these few moments the bike wa stolen. I took it as an example of direct development aid.

In the nineteen eighties there were only a few roads in Nepal: one from Kathmandu to the South towards India, one to the West as far as Pokhara and one to the East as far as Jiri. The rest of the country was accessible on foot only. Sherpa AngKami, who had been a mountain guide to Peter Habeler, accompanied us, along with a cook and some porters carrying our tents.

Along the way we pass Mani stones, stones inscribed with prayers: Pass them on the left and they will shower blessing and good luck on you! Stupas, small Buddhist monuments called Chortens by the Tibetans, are scattered on the hillsides. We pass tiny farm houses with two or three goats grazing and about the same number of children playing in the yard, while their mother works in the field. Their father most probably works elsewhere as a day labourer or is engaged as a porter on an expedition. The villages look neat and clean, now and then a small new house is constructed. At night in the tent, we listen to the tales of a village teacher, who was married off at the age of fifteen by a match-maker to someone in the area. He talks of his home in Terai and about the significance of the king in this Hindu realm.

Next morning we encounter a group of monks on a pilgrimage to the Dalai Lama, an old woman carried by her

Sohn in einem Korb am Rücken den Berg hinunter getragen wird, vielleicht suchen sie Verwandte auf oder gehen zu einem Heiler. Viele Kinder sind unterwegs, die schon früh daran gewöhnt werden, eine Last zu tragen, seien es jüngere Geschwister, die auf den Rücken gebunden sind, oder Baumaterial, das auf diese Weise von einem Ort zum anderen befördert wird. Um ihre Englisch-Vokabel zu erproben, begleiten sie uns eine Weile, vielleicht ahnend, dass diese Sprache später für sie nützlich sein könnte. Sie sind weniger scheu als der kleine Bub der seine Kühe von der Weide heimtreiben muss. Weit und breit ist keine menschliche Behausung zu sehen, wie weit geht der junge Hirte mit seiner Herde? Er ist nicht halb so groß wie die Tiere, durch seine geschlitzte Hose pfeift der Wind.

Die Trekking Tour von Jiri zum Fuß von Mt. Everest ist die Erfüllung eines Traums, doch verlangt sie von mir auch große Anstrengung. Der Weg führt nicht stetig bergauf, denn die Haupttäler Nepals erstrecken sich von Norden nach Süden, unser Weg verläuft jedoch von Westen nach Osten. Das heißt, dass alle größeren Täler durchquert werden müssen, und deshalb die Tagesmärsche immer wieder hinunter führen ins Tal und ein neuer Aufstieg überwunden werden muss. Gleichzeitig ist dies die beste Akklimatisierung für größere Höhen.

Wir schreiben das Jahr 1984. Auf dem Land gibt es keinen Strom, kein Licht, keine Zeitungen, keinen Lärm, außer es kommt eine Trekking Gruppe mit einem Transistorradio vorbei. Die Nächte werden erhellt durch die Sternenpracht, und in den Hütten brennt ein offenes Feuer zum Kochen, der Rauch brennt in den Augen und in der Kehle, eine Kerosin-Lampe steht bei uns im Zelt.

son downhill in a porter's basket on his back, possibly heading to relatives or on their way to a healer. Many children are on the road, trained from their early childhood on to carrying goods, younger brothers or sisters strapped to their backs or transporting construction material on their backs from one place to another. To practise their English vocabulary they walk along with us for a while, perhaps feeling instinctively that this language might be useful to them one day. They are less shy than the little boy who has to drive his cows home from the pasture. As far as the eye can see, there is no human settlement. How far will the young herdsman have to go? He is not half the size of his animals, the wind blows through his slit trousers.

The trekking tour from Jiri to the foot of Mt. Everest is the realization of a dream, though my physical capacities are quite challenged. The route does not lead straight uphill, since the main valleys of Nepal run North-South, and our path takes us West-East. Therefore, the larger valleys have to be crossed, i.e. our daily marches take us down into the valley, up again on the other side, and our ascent has to exceed the drop in order to gain new height. Yet on the other hand, this is an ideal way to acclimatize our bodies and prepare them for the high altitudes.

We write 1984. A countryside without electricity, nor light, nor newspapers and without any noise – unless a trekking group with a transistor radio disturbs the silence. The nights are lit with the splendour of the starry sky, in the huts open fires for cooking fill the small space with smoke that burns in the eyes and in the throat, a kerosine lamp flickers in our tent.

Es ist noch die Zeit vor dem großen Rummel und den lauten Touristengruppen.

Vom Weihnachtstrubel merkt man in diesen fernen Bergen nichts.

Unter der Sternenkonstellation des Orion feiern wir den Heiligen Abend. Ein mitgebrachter Weihnachtsstollen wird aufgeteilt auf alle, wir stimmen ein Weihnachtslied an und singen beim Lagerfeuer, bis die Nepali ihre Schüchternheit verlieren. Die Träger tanzen zu ihren fröhlichen, selbst gesungenen Melodien und bewegen sich mit graziösen, fast sinnlichen Schritten. Am Christtag besuchen wir ein Kloster – ein Ghompa – in dem Mönche und junge Novizen miteinander leben. Die Musik der Trommeln und der knochenförmigen Blasinstrumente ist ohrenbetäubend, sie könnte Tote erwecken. Wir dürfen in dem Meditationsraum, der von Butterlichtern etwas erhellt ist, den Mönchen bei ihren Gebeten, den Mantras, lauschen. Gesättigt sind wir vom ranzigen, salzigen Yak Buttertee, denn sobald wir nur einen Schluck nehmen, wird der Becher wieder gefüllt. Bevor wir uns im Hof von einigen Mönchen verabschieden, entdeckt einer von ihnen meine wollene Pumphose, die Traudl, eine Freundin aus dem Waldviertel, für mich genäht hat, damit ich in der Bekleidung den einheimischen Frauen ähnlich sehen würde. Der Mönch möchte sie für sein Mönchsgewand tauschen, das aber so schmierig und fett ist, dass die dunkle weinrote Farbe sich in glänzendes Schwarz verwandelt hat. Ich nehme an, er arbeitet in der Küche. Sogar wenn ich ein Krischna-Anhänger gewesen wäre, hätte ich auf dieses Kleidungsstück verzichten können.

It is the time before the great hustle and bustle of noisy tourist groups.

Here in the far-away mountains there is no trace of hectic Christmas preparations.

Under the constellation of Orion we celebrate Christmas Eve. A Weihnachtsstollen (fruit loaf) stowed away in my luggage is shared among us, we tune into a Christmas carol and sing at the camp fire, even the Nepali lose their shyness. The porters sing their own joyful melodies and dance with gracious, almost sensual steps. On Christmas day we visit a Buddhist monastery – a Ghompa – where monks and young novices live together. The sound of their drums and bone-shaped instruments is deafening, they could wake the dead. We are allowed to enter the meditation hall illuminated with butter lights and to listen to the monks' prayers, to their mantras and their incantation of sacred texts. We are saturated with rancid, salty yak-butter tea, the cups being refilled as soon as we have taken a sip. Before taking leave from the monks in the courtyard, one of them spots my wide woollen trousers, sewn by Traudl, a friend from the Waldviertel, to provide me with an outfit resembling that of Nepali women. He wants my trousers in exchange for his monk's attire, which is so greasy and grubby that the ruby-red colour has turned into a glistening black. I suppose, he works in the kitchen. Even if I had been a Krishna follower, I could have done without this habit.

Am folgenden Tag wandern wir von Jumbesi nach Tsakenda, und am Pass beginnt es zu schneien. Jetzt erkenne ich, dass die Steinanhäufungen auf diesen Höhen, denen Vorüberziehende einen Stein hinzufügen, nicht nur ein spirituelles Symbol darstellen, sondern als Wegmarkierung einen ganz praktischen Zweck erfüllen. Es schneit Tag und Nacht. In der zweiten Nacht müssen die unter der Schneelast eingebrochenen Zelte abgebaut werden, am Boden kauernd ersehnen wir den Sonnenaufgang. Nicht allzu weit entfernt entdecken wir eine geräumige Lodge, wo wir Zuflucht finden und auf ruhiges Wetter warten.

Am Morgen des 29. Dezember 1984 strahlt die Sonne auf eine prachtvolle, tief verschneite Hochgebirgslandschaft, in der keine Spur eines Weges mehr erkennbar ist. Diese Momente und diese Ausblicke meißeln sich ins Gedächtnis ein, ohne sie in Fotografien festhalten zu müssen. Es bedarf einiger Überredungskunst und Rupien, um die Träger zum Weitergehen zu bewegen. Von diesem Tag an sind keine winzigen Flugzeuge von und nach Lukla mehr zu sehen. In der Zeit vor den Handys sind wir auf das Beobachten angewiesen, da es auf dem Land keine anderen Wege zur Übermittlung von Nachrichten gibt. Ohne Strom kein Fernsehen, ohne Alphabetisierung kein Zeitunglesen.

Das Gehen in Schnee und Eis ist beschwerlich geworden. Frostig sind die Nächte im Zelt, sogar in einem Daunenschlafsack. Jetzt kauern alle fünf Träger und der Sherpa beisammen unter großen Decken, um sich gegenseitig zu wärmen. Die Handtücher gefrieren sofort nach der Morgenwäsche. Der mächtige Fluss Dudh Khosi begleitet uns. Wir schaffen es über Jorsale bis Namche Bazaar auf eine Höhe von etwa 3.600 m.

The following day, we carry on from Jumbesi to Tsakenda. On the pass it is beginning to snow. Now I realize that the stone heaps at this height, to which each passer-by adds a stone, are not only spiritual symbols, but fulfil a very practical purpose by marking the way. It snows continuously day and night. The second night our tents must be taken down, having caved in under the load of snow. Crouched on the ground we wait for the sun to rise. Not far away we find refuge in a spacious lodge, where we wait for calmer weather.

In the morning of December 29th, 1984, a brilliant sun shines on a magnificent, snow-covered mountain landscape, where any trace of path has disappeared. These moments and vistas are engraved in my memory, there is no need to be captured on celluloid. Rupees and the art of persuasion are needed to motivate the porters to continue. No longer can we see those tiny planes that fly to and from Lukla. In this »before-mobile phone«-era we have to rely on observation, since here in the countryside, away from the major centres, there are no other means of communicating news. Without electricity there is no television, without alphabetization no reading of newspapers.

Walking in snow and ice has become exhausting. Even in a down-filled sleeping bag, the nights in the tent are frosty. The five porters and the Sherpa are huddling together under big blankets for mutual warmth. After the morning wash the towels are frozen stiff. The mighty river Dudh Khosi flows beside us. Via Jorsale we reach Namche Bazaar at an altitude of about 3.600 m.

Beim Aufstieg dorthin weitet sich der Horizont und gibt den ersten Blick frei auf Sagamartha, Chomlungma, wie die Nepali und Tibeter den Mt. Everest benennen. Und endlich erscheint auch Ama Dablam, vielleicht der schönste Gipfel im Himalaya Massiv. Der gewaltige und erhabene Eindruck dieser Berglandschaft und die Ausgesetztheit des Menschen in dieser überragenden und gefahrvollen Natur hat in den Bewohnern ein großes Gefühl von Ehrfurcht erzeugt. Eine tiefe Spiritualität ist überall spürbar.

Unsere letzte gemeinsame Station ist das Kloster Thyangboche auf etwa 4.200 m. Ein guter Ort um einzukehren, bevor wir uns weiter wagen in jene Höhen, die der Sitz der Götter sind, wie die Bewohner annehmen. Der Weg windet sich den Berghang hinauf, Yakherden ziehen an uns vorbei. Es ist klug, diesen lebensnotwendigen Lasttieren auszuweichen, denn sie behaupten ihren Vorrang auf diesen Pfaden. Nun liegen im vollen Umkreis die Wellen der höchsten Berge der Welt um uns, die Wolken jagen über sie, im Sonnenuntergang erglüht die Welt – es ist ein vollkommener Augenblick.

Es ist auch ein guter Ort, um dankbar zu sein für den Reichtum dieser Erde und umzukehren. Am Abend wird entschieden, ob die Gruppe auf den Flug von Lukla nach Kathmandu warten wird, bis die Schneeverhältnisse es erlauben zu fliegen, oder ob wir gemeinsam die Strecke wieder zurückgehen. Fast alle in der Gruppe kommen aus Neuseeland und Australien und haben »Sommerferien«, nur Rodolfo aus Italien und ich müssen so bald wie möglich nach Europa zurückkehren.

During the ascent, the horizon opens onto the first view of Sagamartha, Chomlungma as Nepali and Tibetans call Mt. Everest. And finally Ama Dablam – possibly the most beautiful peak in the Himalayas – comes into view. These magnificent and sublime mountains, in stark contrast to man's vulnerability, these overwhelming and dangerous natural surroundings, inspire a sense of awe in the local people. A deep spirituality is to be felt everywhere.

Our last station is the monastery Thyangboche at about 4.200 m. It is a good place to pause before daring to climb to those heights where the gods reside as the natives believe. The way winds up the mountainside, yaks trot on the narrow path. It is wise to make way for these beasts of burden, because they claim their right of way in their own territory. Here the mightiest and highest mountains in the world surround us like waves, fleeting clouds chase over their tops, the world is aglow in the setting sun – a perfect moment.

It is a good place to be grateful for the wealth of our world, and the place to turn back home.

In the evening we have to decide whether the group waits for a flight from Lukla to Kathmandu, until the snow conditions allow small planes to fly again, or to return all the way on foot. Nearly all of the group come from New Zealand and Australia, where they have »summer holidays« at this time, only Rodolfo from Italy and I must get back to Europe as soon as possible.

Also gehen wir zwei, von Kevi Rai geführt und begleitet, die Strecke in acht Tagesmärschen zurück nach Jiri. Um meinen Flug in Kathmandu zu erreichen, müssen wir täglich eine vorgeschriebene Strecke einhalten. Jetzt sind wir angewiesen auf die Herbergen, die Lodges, für Nächtigungen und Mahlzeiten. Die Herberge in Jorsale ist dunkel, man sieht den Schmutz nicht und es ist stark verraucht vom offenen Feuer. Aber wir schlafen gut auf der gemeinsamen Pritsche. Der Pfad führt weiter am mächtigen Dudh Khosi entlang, Nepalis tragen Lebensmittel und Holz in vollen Körben an uns vorbei.

Während einer Mittagsrast nähern sich zwei weibliche Wesen, gekleidet in ziemlich zerschlissenem Gewand. Das Mädchen ist neugierig, kommt zu uns und kostet ein Chapati, eine Brotflade, die Großmutter verweilt in sicherer Distanz, mit dem Blick auf uns gerichtet. Dann verschwinden sie so lautlos wie sie gekommen sind. In dieser stillen Begegnung verspüre ich eine unausgesprochene und seltene Vertrautheit mit den Menschen dieser Gegend.

Es ist kein direkter Abstieg, sondern immer wieder ein Auf und Ab, vom eisigen Pass hinunter in grüne Täler. Über einen reißenden Fluss spannt sich eine nicht mehr ganz vollständige Hängebrücke, dort und da fehlt ein Brett. An der seitlichen Begrenzung sind Gebetsfahnen aufgefädelt, die für Kevi Rai wahrscheinlich eine gewisse Zuversicht bedeuten, für die skeptischen Europäer eher nicht.

Am Abend kehren wir ein in einer kleinen Hütte in Ringsmo, wo zwei Burschen für uns Reis mit Erdäpfel, Mangold, Chili und Knoblauch zubereiten, was köstlich schmeckt. Die Herberge ist sauber und warm, einfach

Therefore the two of us have to start – accompanied by Kevi Rai, our guide – for the eight days' march back to Jiri. In order to catch my flight at Kathmandu, we will have to complete a given distance every day. Instead of tenting we have to rely on lodges, where we shall eat and sleep.

The lodge in Jorsale is dark, the filth cannot be seen, smoke of the open fire chokes our breathing, but we sleep well on the common plank. The path continuous along the river Dudh Kosi, Nepali pass with food and wood in heavily-filled baskets.

During a break at noon two female figures approach us, dressed in threadbare clothes. The girl is curious, comes close and tries a chapati, but the grandmother keeps her distance, with her eyes set on us. Then they disappear as quietly as they have come. In this silent encounter I sense an unspoken, strange intimacy with these people.

It is not a straight descent, but an up and down, from the icy pass into the green valleys. Across a torrential river stretches a hanging bridge by which we must cross. Not quite perfect any more, boards are missing here and there. The prayer flags attached to the railings are probably a sign of confidence to Kevi Rai, but not to us sceptical Europeans.

In the evening we take our rest in a small lodge at Ringsmo. The meal prepared by two boys consisting of rice with potatoes, chard, chilli and garlic is absolutely delicious. The lodge is clean, warm and it is a pleasure to spend the night there. Kevi Rai and I are content with

wohltuend um einzukehren. Kevi Rai und ich sind zufrieden, weil wir unser Tagespensum einhalten, nur Rodolfo klagt über Schmerzen und Erschöpfung. Er will ein Pferd auftreiben, ein unmögliches Unterfangen. Sein Rucksack ist vollgepackt mit Toilettsachen, Rasierzeug, Regenschirm, so als ob er erwarten würde, am kommenden Morgen in Mailand aufzuwachen. Seine beachtlich große Medikamentenschachtel würde er jetzt gerne tauschen gegen die Schnapsflasche in meinem Rucksack. Man sagt »Schnaps ist gut für Cholera«, für mich ist es jedenfalls die beste Medizin auf Reisen. Ich gönne ihm gern einen Schluck nach dem Abendessen, aber die Medikamente brauche ich nicht. Erst durch das Anheuern eines zweiten Trägers, der sein Gepäck übernimmt, gelingt es, ihn zum Weitergehen zu überreden.

Lange Tage liegen noch vor uns, um Jiri rechtzeitig zu erreichen. Am Lamjure Pass gibt es noch eine Menge Schnee, beim Abstieg nach Sete Schneeverwehungen. Auf eisigen Stellen geht es zwei Schritte nach vorne, einen Schritt zurück. Groß ist die Freude, als wir bei Tibetern einkehren, einem hübschen, jungen Paar mit freundlichen Gesichtern. Wir essen Daal Bath, Reis mit Linsensuppe, aber Rodolfo verweigert das Abendessen und jedes Gespräch mit den Einheimischen. Mir ist bang, dass wir ihn nicht bis Jiri mitschleppen können, doch nun sind wir nur noch einen Tagesmarsch entfernt. In Jiri ersuche ich einen jungen Arzt vom Krankenhaus, Rodolfo in der Herberge zu untersuchen. Er stellt einen seltsamen Zustand fest – »Europäische Krankheit« (wenn wir Komfort und feines Essen vermissen) – und verschreibt »Horlicks« (heiße Malzmilch, das britische Pendant zu unserer Ovomaltine).

the way we keep to our set route, but Rodolfo complains about pains and exhaustion. He wants to find a horse, which is impossible. His rucksack is packed full with toilet articles, shaving equipment and an umbrella, just as if he was expecting to wake up in Milano next morning. He would love to exchange his considerably large box with medical stuff for the bottle of »schnaps« in my rucksack. There is the saying »Schnaps cures cholera«, in any case for me it is the best medicine on my travels. He takes a sip after the evening meal, but I do not need his pills. Only after the hiring of a second porter for his luggage, I can persuade Rodolfo to move on.

There are still a few more long days ahead of us in order to reach Jiri on time. On Lamjure Pass there is a lot of snow, descending to Sete there are snowdrifts. On icy patches we go two steps forward, and slip one back. It is a joy to come to a lodge run by a charming, young Tibetan couple with friendly faces. We eat Daal Baath, rice with lentil soup, but Rodolfo refuses to touch food and avoids contact with the local people. I am worried he might not make it to Jiri, which is now only a day away. In Jiri I ask a young physician from the hospital to examine Rodolfo in the lodge. He diagnoses a strange condition – »European illness« (when we miss comfort and fine food) – and prescribes »Horlicks« (the British equivalent to »Ovomaltine«, hot malt milk).

Rodolfo aber will stattdessen Coca Cola und ist wieder bei guter Gesundheit und Laune, als wir im Bus nach Kathmandu zurückfahren.

Am Tag unserer Ankunft warten Tony und Judith bereits an der Busstation, denn das erste Flugzeug aus Lukla ist einige Stunden vor uns angekommen. Trotzdem bin ich froh, dass wir die Strecke gegangen sind, denn dadurch war eine nähere Begegnung mit den Nepalis möglich. Rechtzeitig erreiche ich den Flug nach Delhi und von dort nach Wien. Der weiße Schal, den mir Ang Kami am Flughafen überreicht, bedeutet so viel wie »Du wirst wiederkommen.«

Yet, Rodolfo insists rather on Coca Cola and is in good health and good humour in the bus taking us to Kathmandu.

On our arrival in Kathmandu there are already Tony and Judy waiting for us at the bus station, since the first plane from Lukla had arrived a couple of hours before. Nevertheless, I am glad we came back on foot, because it brought me into closer contact with the Nepalis. I am on time for my flight to Delhi and from there to continue to Vienna. The white scarf given to me by AngKami at the airport means »You will come back«.

Erste Himalaya Reise

First Himalaya Trek

Waschtag in Bhaktapur / Washing day in Bhaktapur

Trekking zum Mt. Everest / On the way to Mt. Everest

Hirte am Heimweg / Cowherd on his way home

Geschwister / Siblings taking care

Mittagsrast / Lunchtime

Verschneiter Weg in den Himalayas / Fresh snow cover

Frühstück im Freien / Dejeuner sur l'herbe

Hebe deine Augen auf zu den Bergen / Lift up your eyes unto the hills
(Blick auf Mt. Everest / View of Mt. Everest)

Tibeter / Tibetans

Schwere Last / Heavy load

Namche Bazaar

Zweite Himalaya Reise – 1989/1990

Und es geschieht tatsächlich: Wenige Jahre später während meines Bildungskarenzjahres 1989/90 erfüllt sich diese Prophezeiung und ich komme wieder. Es ist eine spannende Zeit, die Grenzen nach dem Osten Europas öffnen sich, und es kommt zum Fall des Eisernen Vorhangs. Dieses Bild ist das Passendste, das es für dieses historische Ereignis gibt. Da ich direkt an der tschechischen Grenze zuhause bin, ist diese große Veränderung auch für mich hautnah spürbar und sichtbar. Mit Begeisterung für eine grenzenlose Welt fahre ich los, und nach einem atemberaubenden Flug über die schneebedeckten Gipfel der Himalayas lande ich im »valle bellissima«, wie mein italienischer Sitznachbar begeistert ausruft, in Kathmandu.

Ich möchte mir in diesem Jahr zwei Wünsche erfüllen: zum Annapurna zu trekken und einige Monate an einer Schule Englisch zu unterrichten. Doch seit meinem letzten Besuch hat sich viel verändert. Was mich jetzt erwartet, ist nicht das friedliche Nepal, das ich auf meiner ersten Reise erleben durfte, in dem ich mich nie bedroht oder verängstigt fühlte. Es wimmelt nun von Militär in den Straßen, die Händler sind verschwunden, vor der Statue von Shiva liegt Müll. Es herrscht Spannung und Angst, und nachts sind Schüsse zu hören. Was ist geschehen? Während in Osteuropa die kommunistischen Strukturen zusammenbrachen, sind maoistische Kräfte in Nepal eingezogen.

Ang Kami, der Sherpa von meiner ersten Tour, meint, dass es draußen in den Dörfern ruhig sein wird. Er gibt mir einen Träger mit auf den Weg. Beam, mein Beglei-

Second Himalaya Trek – 1989/1990

And really, the prophecy comes true: I come back a few years later during my sabbatical in 1989/90. It is an exciting time in Europe, the borders to the East are ripped open, the Iron Curtain is pulled down. This is a most appropriate metaphor to describe this historic event. Since I live right at the Czech border, I see and feel these enormous changes personally. Full of enthusiasm for a world without borders, I start my journey and after a breath-taking flight over the snow-capped Himalayas I land in Kathmandu, the »valle bellissima«, as my Italian travel companion calls it enthusiastically.

For my sabbatical I have two dreams – trekking to Annapurna and teaching English for a few months. However, much has changed since my last visit. I am not welcomed by the friendly, peaceful Nepal I remembered, a Nepal in which I never felt threatened or scared. Now soldiers are everywhere on the streets and squares of Kathmandu, the tradesmen have disappeared, and in front of the Shiva statue garbage is piling up. Tension and fear dominate, shots ring out through the night. What has happened? While in Eastern Europe the communist regime has collapsed, here in Nepal the infiltration of Maoistic forces has led to a revolution against the king.

Ang Kami, the Sherpa of my first trek, believes that it will be calm in the villages. He organizes a porter who will be my guide and companion on this route. His name, Beam, corresponds to his character. He beams and

ter und Bergführer, entspricht ganz seinem Namen – er strahlt und geht leichtfüßig voran. Unser Trek beginnt in Pokhara, das wir nach einer Tagesfahrt im Bus erreichen. Bereits in Nagdaanda kommen wir an einer Schule vorbei, und trotz der Kälte sitzt eine Klasse um den Lehrer geschart im Freien. Während Beam mit ein paar Polizisten plaudert, setze ich mich zu den Schulkindern.

In der Pause treffe ich alle fünf Lehrer, und wir führen eine Art »Einstellungsgespräch«, das in kurzer Zeit zu einem Ergebnis kommt, wofür die zuständigen Ministerien Monate gebraucht hätten.
1. Jede Englisch-Klasse wird mir anvertraut,
2. mein Aufenthalt an der Schule ist unbefristet (natürlich unbezahlt)
3. ich kann Quartier beziehen im Haus von Durgar, dem an der Schule angestellten Englisch-Lehrer. Doch bevor ich mich dieser Aufgabe widme, will ich mit Beam noch zum Annapurna Basislager trekken.

Wir ziehen weiter nach Chandrakot, wo Mt. Machhapuchhre, wegen seiner Form auch »Fischschwanz« genannt, zum ersten Mal sichtbar wird. Die Dörfer in diesem Teil Nepals sind zweifellos wohlhabender als in Richtung Mt. Everest, denn Gurkhas, die früher im Dienst der britischen Armee standen, haben sich hier angesiedelt. Es fällt mir auch auf, dass keine Manisteine oder Chorten zu sehen sind. Auf den noch kahlen, winterlichen Berghängen sind die abgeholzten Flächen klar erkennbar. Der Frühling zeigt sich im Februar noch zögerlich, aber tagsüber ist es meist strahlend und sonnenklar.

sets out with quick steps. Our trek begins in Pokhara, which is reached in a day's bus ride. Already in Nagdaanda we pass a school where children sit outside with their teacher in the sunny cold air of a winter's day. While Beam chats with some policemen, I join the school children.

In the break I meet all five teachers, and we have – sort of a – job interview. They gladly accept my offer to come and teach English. Quickly a decision is taken, for which the responsible ministeries would have taken months:
1. I can teach English in every class.
2. The duration of my stay at the school is unlimited (of course, unpaid)
3. I can live in the house of Durgar, the permanent English teacher at school.
   Before I devote myself to the task, I will trek with Beam to the Annapurna base camp.

We continue to Chandrakot, where Mt. Machhapuchhre, called »fish tail« because of its form, comes into view the first time. The villages in this part of Nepal are definitely more prosperous than those towards Mt. Everest, since the Gurkhas, who served in the British army, have settled here. I realize that there are no Mani stones and no Chortens to be seen. Barren winterly slopes show de-forested mountainsides. In February spring is still wavering, but the days are bright and sunny.

Die ersten Rhododendronsträucher blühen im National Park um Gandrung, vereinzelt ein kleiner Pfirsichbaum und einige versteckte gelbe Primeln. Nach einem langen Marsch am Modi Khola Fluss entlang und einem Aufstieg bis 2.020 m übernachten wir im Shangrila Guest House. In Gandrung kreuzen sich die Wege, weiter nach Westen führt die große Route um das Annapurna Massiv, nach Norden zum Sanctuary geht es weiterhin am Fluss entlang. Das ist unser Weg, durch einen Bambusregenwald, entlang fruchtbarer Felder und Terrassen führt er allmählich höher und höher.

In Kuldi Ghar beginnt sich das »Tor« – der Eingang zum Annapurna Sanctuary, vom Südgipfel des Annapurna und vom Machhapuchhre beherrscht – zu öffnen. Zu diesem Zeitpunkt am Ende des Winters sind nur wenige Trekker unterwegs. In der Himalaya Lodge treffen wir auf Kanadier und ein paar Franzosen, die davon träumen, was sie bei ihrer ersten Mahlzeit daheim essen werden. Diese Vorstellung löst in uns allen einen Vorgeschmack von Lieblingsspeisen aus. Der Herbergswirt erzählt, dass das Basislager bereits freigeschaufelt und geöffnet ist. Nachts ist das Donnern einer Lawine zu hören.

Am folgenden Morgen ist der Nebel so dicht, dass ich Beam in zwanzig Meter Entfernung kaum mehr ausnehmen kann. Vor uns liegt ein Aufstieg bis 4.300 Meter. Überall Schnee mit einer eisigen Oberfläche, die im Laufe des Vormittags unter unseren Füßen einbricht, sodass wir fast bis zu den Knien einsinken. Die dünne Luft und das mühevolle Vorwärtskommen machen mir zu schaffen, aber Schritt vor Schritt steigen wir höher. Wozu eigentlich, wenn der Nebel alles verhüllt?

The first rhododendron bushes start to bloom in the National Park of Gandrung, here and there a small peach tree and hidden primroses show their first blossoms. After a long march along the river Modi Khola we climb to 2.020 m and rest at the Shangrila guest house for the night. In Gandrung two major trails cross: one leads West taking the long route around the Annapurna range, whereas the trail to the North – to the Sanctuary – continues beside the river. We follow this path through a dense bamboo rainforest, along fertile fields and terraces, climbing higher and higher.

In Kuldi Ghar the »gateway« – the entrance to the Annapurna Sanctuary dominated by Annapurna III and Machhapuchhre – begins to open. At this period of time – the end of winter – there are only a few trekkers en-route. In the Himalaya Lodge we meet Canadians and some Frenchmen who fantasize about their first meal when they get back, triggering off in all the others a foretaste of one's favourite food. The inn-keeper informs us that the base camp has already been shovelled free of snow and has been opened. At night the thundering of an avalanche resounds.

Next morning the fog is so thick that I can hardly discern Beam at a distance of 20 m. Ahead of us lies a climb up to 4.300 m. Everywhere the snow has an icy surface which breaks under our feet in the course of the morning, and we sink in up to our knees. The thin air and the arduous ascent are causing me some problems, but step by step we move upwards. But actually what for, when the fog blots out everything?

Auch bei der Ankunft im Basislager sind die im Kreis aneinander gereihten Sieben- und Achttausender verhüllt und nur zu erahnen. Es dämmert, wir essen Daal Bhaat (Linsen und Reis) und legen uns nebeneinander auf die Schlafstätte. Ein Nepali atmet hastig und schwer und bewegt sich unruhig hin und her. Es bläst der Wind durch die Lücken der Steinmauern, schlaflos horche ich in die Stille. Irgendwann dringt Licht durch die Spalten, und ich taste mich hinaus ins Freie. Es ist überirdisch hell. Überwältigt stehe ich im Licht des Vollmonds vor der Hütte, winzig und einsam – umringt von diesen mächtigen Bergen, Hiunchuli, Annapurna Süd und I und III, Fluted Peak, Tent Peak und Machhapuchhre. Wenn ein Ort dem Paradies gleicht, dann ist es hier. Nun begreife ich auch, warum dieser Platz auf Erden von den Einheimischen »Sanctuary«, also »Heiligtum« genannt wird.

In diesen Höhen kann der Mensch nicht lange verweilen, frühzeitig beginnen wir den Abstieg. Bei frischem Schneefall, der allmählich in Regen übergeht, marschieren wir Richtung Nagdaanda. Als wir wieder an der Himalaya Lodge vorbeikommen, erzählt uns der Inhaber, dass einer der beiden Nepali vom Basislager zu spät die Symptome der Höhenkrankheit erkannte und nun tot den Berg hinunter getragen wurde. Am Rückweg überdecken die nächtlichen Bilder den Weg, der vor uns liegt. Ich sehe die Menschen, die in diesen Bergen leben, und versuche ihre Verbindung zu dieser großartigen und übermächtigen Natur zu verstehen.

Nun freue ich mich auf die Arbeit an der Schule, und Beam hat es eilig, zu Frau und Kind heimzukommen. Mein Rucksack hat einen Platz gefunden in einer feuchten, kalten Hütte. Die Schultage beginnen erst um

Even at the base camp, the encircling mountains are hidden behind a veil of mist. At dusk we share some Daal Bhaat (lentil and rice) and then lie down beside each other at the sleeping place. A Nepali breathes with difficulty, heaving for breath, moving restlessly. The wind finds a way through the slits in the stone walls, sleepless, I listen to the silence. When shreds of light come in through the cracks, I get up and tiptoe outside. It is an unearthly light. Overwhelmed I stand in the light of the full moon, tiny and alone – surrounded by the magnificent mountains, Hiunchuli, Annapurna South and I and III, Fluted Peak, Tent Peak und Machhapuchhre. If there is anything on earth resembling Paradise, it is here. Now, I realize why the local people call this place »Sanctuary«.

At this altitude human beings cannot stay long, and therefore we start our descent early in the morning. Snow is falling and turning into rain, as we head towards Nagdaanda. When we pass the Himalaya Lodge again, the inn-keeper tells us that one Nepali from the base camp had to be carried down the mountain. He had recognized the symptoms of altitude sickness too late, and now, was carried down the mountain, dead. Descending, my impressions of the night before cover the path ahead of us. I see the people who live in these mountains and try to understand their connectedness with this overwhelming nature.

Now I look forward to working in the school, and Beam is eager to get to his wife and his child. My rucksack has found a shelter in a damp, cold hut. The school days do not begin before ten, since most of the children

zehn, denn die meisten Kinder haben einen langen Schulweg, manche bis zu zwei Stunden. Zweihundert sind zwar registriert, aber an vielen Tagen ist nur die Hälfte anwesend, weil sie daheim bei Arbeiten mithelfen müssen. Die Räume der Schule sind sehr einfach: Steinmauern, ein unebener Erdboden, in der Ecke ein wackeliger Sessel, zwei rostige Kübel und ein paar schmale Bänke.

Der Tag beginnt vor dem kleinen Shiva Tempel. Die Kinder stehen in Reihen, der Größe nach, denn sie bringen auch ihre kleinen Geschwister mit, damit die Eltern arbeiten können. Zum Rhythmus der Trommelschläge bewegen sich die Kinder, husten den Rauch aus ihren Lungen, den Kleinsten wird die Nase geputzt, dann singen sie »Nepali Hunza« und verteilen sich in ihre Klassen. Ob Bub oder Mädchen, sie alle tragen blaue, verwaschene, dünne Baumwollhemden und schreiben auf losen Blättern, die zusammengeheftet sind. Sie sind eifrig und sehr aufmerksam. Die englische Aussprache fällt ihnen schwer, z.B. aus »fish« wird »piss«. Ihre Sprache ist für mich auch nicht einfach – »*ma sikaaune maanche hu*« heißt: »*Ich bin Lehrer*«. Das wissen die Menschen im Dorf sehr bald und von überall höre ich den Gruß »*Namaste*«.

Einmal im Monat wird der staubige Erdboden mit frischer Erde belegt, die die Lehrer hinter dem Hinduschrein abtragen, in Kübel füllen und in den Klassen aufschütten. Die Buben hüpfen darauf herum, um den Boden halbwegs eben zu machen. Nach der mittäglichen Teepause gibt es noch zwei Unterrichtsstunden am Nachmittag, bevor sie wieder den langen Heimweg antreten.

have a long way to come, for some of them even up to two hours. Two hundred pupils are registered, but usually only half of them are present, since they have to help at home. The classrooms are very simple: stone walls, an uneven earth floor, one rickety chair in a corner, two rusty buckets and a few narrow benches.

The school day begins in front of the small temple to Shiva. The children stand neatly in rows, lined up according to their size, since they bring along also their younger sisters or brothers so that their parents can work. The children move to the rhythm of the drum beats, cough up the smoke from their lungs, the snot is cleaned from the noses of the smallest ones, then they sing »Nepali Hunza« and rush to their classrooms. As school uniform they all – boys as well as girls – wear washed-out blue, thin cotton shirts and write on loose sheets fastened together. They are eager and very attentive. The English pronunciation is difficult for them, »fish« sounds like »piss«. Their language is not easy for me either. *»Ma sikaaune maanche hu«* means *»I am a teacher«*. Very soon people in the village know about that and from everywhere I am greeted *»Namaste«*.

Once a month the dusty floor is replenished with fresh earth, which the teachers dig out from behind the Hindu shrine, fill it into buckets and empty it on the classroom-floor. The boys jump up and down to make the floor more or less even. After the tea break at noon there are two more lessons, before the children set out on their long way back home.

Die Ärmlichkeit des Dorfes wird aufgewogen durch die Freundlichkeit der Bewohner und den herrlichen Blick auf den Annapurna. Nagdaanda liegt auf einem schmalen Bergrücken, der Name bedeutet so viel wie »wie ein schmales Nasenbein«. Eine sehr passende Bezeichnung, denn fast unmittelbar neben dem Weg und den Hütten beginnt der Steilhang. Auf der einen Seite blickt man hinunter zum Phewa See, auf der anderen Seite hat man bei klarer Sicht die Annapurna Gipfel und Machhapuchhre im Blickfeld. An regnerischen Tagen kann sich der Weg zur Wasserstelle in einen Schlammpfad verwandeln, dann ist das Wasser untrinkbar, auch nach dem Abkochen.

Nach einer Woche erscheint die Polizei, um sich nach dem Grund meines Aufenthalts in der Schule zu erkundigen. Die Lehrerkollegen versuchen sie zu überzeugen, dass ich nichts anderes tue, als Englisch zu unterrichten. Um die Loyalität zum Königshaus zu unterstreichen, nehmen wir einen Tagesmarsch nach Pokhara auf uns, um an einer Kundgebung für den König teilzunehmen.

An den Abenden im Dorf begleite ich Durgar und einen anderen Lehrer in die kleine Wirtsstube, wo durchziehende Wanderer ein warmes Essen bekommen können. Die beiden arbeiten dort, um sich zu ihrem äußerst geringen Lohn ein Zubrot zu verdienen und ein »chang«, das nepalesische Gerstenbier, zu bekommen.

Als die Polizei wieder auftaucht, in Uniform, schwarzen Stiefeln und mit Knüppeln, wird mir die Botschaft klar. Ich hatte gehofft, vier Monate an der Schule zu sein, doch zu diesem Zeitpunkt habe ich hier nichts verloren. Die Vermutung ist wohl, dass die Revolution von Ausländern angezettelt wurde, und öffentliche

The poverty of the village is compensated by the friendliness of the people and a marvellous view of Annapurna. Nagdaanda hangs onto a small mountain crest, which literally means »like a narrow nose bone«. This is an appropriate name, since just beside the path and the huts, a steep slope begins. On one side you look down to lake Phewa, and on the other side you can see on a clear day the peaks of Annapurna and Machhapuchhre. On rainy days the way to the common watering place turns into a mud puddle, and the water is undrinkable, even if you boil it.

After a week police arrive to find out the reason for my stay at the school. My colleagues try to convince them that all I do is teaching English. To show our loyalty to the royal family we undertake a day's march to Pokhara in order to take part in a demonstration for the King.

In the evenings back in the village, I go with Durgar, the English teacher, and another teacher to a small inn, where travellers can get a warm meal. Both of them work there to add a bit to their meagre income and to get a *»chang«,* the Nepalese barley beer.

When the police men turn up again, this time in uniform with black boots and truncheons, the message is clear. I had hoped to spend four months at the school, but this is not the right moment. They suspect that the revolution has been kindled by foreigners, particularly

Institutionen stehen in besonderem Verdacht. Ehe ich die Kollegen und mich in Gefahr bringe, muss ich fort von Nagdaanda und aus Nepal.

Vor meiner Abreise frage ich die Lehrer, was sie sich am dringendsten für die Schule wünschen. Ihre Antwort ist bescheiden: Genug Geld, um zwei Toiletten aus Stein zu bauen an Stelle der Bambusmatten, die jetzt am Abhang stehen. Der Ausblick auf die Berge ist zwar einzigartig, aber der Hang ist oft rutschig und führt tief hinunter ins Tal. Dieses Versprechen gebe ich gern und halte es auch. Nach dem Abschied von den Kindern und Lehrern steige ich hinunter nach Pokhara und fahre mit Bussen über Kathmandu weiter nach Indien. Enttäuscht und traurig verlasse ich das Land der mächtigsten Berge der Welt und seine friedvolle Bevölkerung.

those in public institutions. Before risking to put my colleagues and myself into danger, it is time to leave Nagdaanda and Nepal.

Before my departure I ask the teachers what they most desperately need at school? Their answer is modest – enough money to build two outhouses of stone to serve as toilets instead of the bamboo mats that lean on the slope. Though the view of the mountains is unique, the ground is often slippery and the slope has a very steep fall into the valley. This promise I am delighted to give and to keep! Having taken leave from the children and my colleagues, I make my way down to Pokhara and travel by bus via Kathmandu to India. Deeply disappointed and sad I leave the country with the mightiest mountains in the world and its peaceful people.

Zweite Himalaya Reise

Second Himalaya Trek

Kathmandu

Unterwegs nach Pokhara / On the way to Pokhara

Schule in Nagdaanda / School in Nagdaanda

Tibetischer Neujahrstanz / Tibetan New Year's dance

Morgendliche Dusche / Morning shower

In Nagdaanda

Verwandte / Relatives

Mönche im Kloster / Monks in a gompa

Gefährliche Brücke / Bridge over troubled waters

Annapurna

Nagdaanda mit Blick auf Annapurna / Nagdaanda with view of Annapurna

Indien – der Norden – Frühling 1990

Sich Indien über Darjeeling zu nähern, ist wie das Betreten eines übermächtig großen, fremdländischen Palastes durch ein englisches Vorzimmer. Eine Schmalspurbahn führt mich hinauf auf über 2.000 Meter Seehöhe, inmitten von Teeplantagen, sehr angenehmen Temperaturen, zwischen den europäisch aussehenden Chalets wirkt sogar der kleine Hindu-Tempel fremd. Weit entfernt von den indischen Großstädten genieße ich hier Gelassenheit und Ruhe. Am Nachmittag wird in den Hotels – Jahrzehnte nach der Kolonialzeit – sogar noch »five o'clock tea« serviert.

Nach dem abrupten Verlassen von Nepal bin ich vorerst einmal fasziniert von der »Zauberberg«-Atmosphäre dieser »hillstation«. Die Engländer haben das moderate, heilsame Klima auf 2.200 Meter sehr geschätzt, und Darjeeling als Erholungsort ausgewählt. Noch immer bin ich im Bann der Himalayas. Vom höchsten Punkt in der Umgebung, vom Tiger Hill aus, gibt es die herrlichsten Sonnenaufgänge über den dritthöchsten Berg – Kanchenjunga – zu erleben. Jetzt beneide ich keinen Bergsteiger, der über Eisspalten gehen muss, denn dieser Anblick hier ist »embrujadar«, Verzauberung – ein treffendes Bild einer hingerissenen mexikanischen Touristin. Darjeeling ist ein Ort zum Verweilen, zum Wandern, zum Stöbern in Romanen von Anita oder Kiran Desai (The Inheritance of Loss[1]), zum Entscheidungen treffen. Es war von mir weder Absicht noch Wunsch, in diesem Land unterwegs zu sein, doch – obwohl ich kein ängstlicher Mensch bin – hatte ich die Vorstellung, dass es für eine allein reisende

---
1 Kiran Desai, The Inheritance of Loss, Penguin Verlag, 2006

India – the North – Spring 1990

To approach the subcontinent from Darjeeling is like entering an oversized strange palace through an English antechamber. A narrow-gauge railway takes me up over 2.000 m, through tea plantations, pleasant temperatures, among the European-looking chalets even the Hindu temple looks strange. Far from the Indian megacities, I enjoy tranquillity and the laid-back style of life. Even decades after the end of the colonial period, the custom of »five o' clock tea« in the afternoon is still observed in the hotels.

After my abrupt departure from Nepal I am at first enthralled by the »magic mountain«- atmosphere of this »hillstation«. The English appreciated the moderate climate at 2.200 m above sea level and regarded Darjeeling as a health resort. I am still spell-bound by the Himalayas. From Tiger Hill, the highest elevation in that area, the most marvellous sunrises over the third highest mountain – Kanchenchonga – can be seen. At these moments I do not envy the mountain climbers traversing crevasses, for this is »embrujada«, a magic moment, as an enchanted Mexican tourist calls out in ecstasy. Darjeeling is a place to linger, to wander, to leaf through novels by Kiran Desai[1], such as »The Inheritance of Loss«, which is set in this area, and a place to make decisions.

It was neither my intention nor my desire that brought me to India. Though I am certainly not an anxious person, I imagined that travelling on my own through this country might bring some hurdles. I remember

---

1 Kiran Desai, The Inheritance of Loss, Penguin Books, 2006

Frau hürdenreich sein könnte. Ich erinnere mich an die 70er-Jahre, in denen viele Hippies nach Indien zogen, um ungehindert Drogen zu konsumieren und »frei« zu sein. Auch aus meinem Dorf ging damals ein junger Mann nach Indien und kam monatelang nicht zurück, sodass seine Eltern sich in ihrer Not an eine Österreicherin wandten, die seit vielen Jahren in Bombay verheiratet war. Die Frau wusste, wo sie suchen musste, um ihn zu finden: in den Müllhalden der Großstadt. So kam er zurück, nur wenige Monate später starb er.

Was sollte ich nun tun?

Leider war Nepal zu dem Zeitpunkt für Ausländer gesperrt und die Rückkehr nach Europa konnte noch warten.

Also entschloss ich mich, zuerst einmal von Darjeeling nach Sikkim zu fahren, ein kleines Fürstentum in unmittelbarer Nähe der nepalesischen Grenze und Tibets. Was sich mir eingeprägt hat, sind nicht die Bürokratie, die für Sikkim zum Indien-Visum noch eine zusätzliche Bewilligung verlangt, auch nicht die Landschaft der rollenden, hügeligen Teeplantagen, sondern die Mitreisenden: Indische Touristen aus wohlhabenden, gebildeten Schichten und aus den verschiedensten Teilen des Landes. Auf Grund der Vielfalt der Sprachen unterhielten sie sich auf Englisch, um einander zu verstehen. Ein junges Paar aus Mumbai erzählt mir ganz stolz, dass sie keine arrangierte Ehe führen, sondern aus Liebe geheiratet haben. Die Frau kommt aus Kerala, ein Staat im Süden Indiens, dessen politische, kulturelle und klimatische Verhältnisse mich bei späteren Aufenthalten noch überraschen werden.

the seventies, when countless hippies moved to India to enjoy drugs and unimpeded freedom. At that time a young man from my home-village in Austria went to India and did not return for many months. His worried parents contacted an Austrian woman married to an Indian living in Bombay. The lady knew where to look for him – on the garbage dumps of this megacity. He came back, a few months later he died.

I was not certain, which decision to make?

Unfortunately Nepal was now effectively closed to foreigners, and since going back to Europe could wait, I de-cided to go first from Darjeeling to Sikkim, a small duchy in close vicinity to the Nepalese border and Tibet. My dominating impressions of this experience are not bureaucracy demanding an extra permit for Sikkim in addition to the visa for India, nor the rolling hills of tea plantations, but my fellow travellers: Well-situated, educated Indian tourists from all parts of the subcontinent. Because of their countless languages and dialects they conversed in English in order to understand each other. A young couple from Mumbai tells me proudly about their not-arranged marriage. The woman comes from Kerala, a state in the South of India, whose political, cultural as well as the climatic situation will surprise me during my later stays.

Im Gegensatz zu dem dominanten patriarchalischen System im Norden herrscht dort das Matriarchat, das heißt, dass eine Tochter den Besitz der Mutter erbt. Und sollte es nur einen Sohn geben, der aber zwei Töchter hat, wird der Besitz gedrittelt. Also eine Facette mehr in der Fülle der Möglichkeiten und ein neuer Mosaikstein im bunten Bilde Indiens.

Meine Neugierde steigt und ich beschließe, im Land zu bleiben und weiter ins Landesinnere des Subkontinents zu reisen, entlang der klassischen Touristenroute über Varanasi, Fatehpur Sikri, Delhi, Agra, Jaipur und vielleicht noch Pushkar. Über die staunenswerten Sehenswürdigkeiten kann man in jedem guten Reiseführer nachlesen. Die Berichte sind vergleichbar zu Schwarz-Weiß-Fotos. Erst durch den Filter der eigenen Wahrnehmung und Gefühle wird das Bild Indiens koloriert und lebendig.

Die Zugfahrt von Darjeeling beginnt im »toy train«, einer Schmalspur-Bergbahn, die in einer siebenstündigen Reise ins Tal führt. Nach Varanasi dauert es noch etwa 36 Stunden, Zeit genug, um in Gespräche verwickelt zu werden. Es ist für die meisten Inder völlig unbegreiflich, wie eine Frau allein unterwegs sein kann. Deshalb kommen zuerst zwei unausweichliche Fragen: »Wo ist dein Mann? Und wie viele Kinder hast du?« Um das Unverständnis nicht noch zu vergrößern, erzähle ich von »meinem« Mann, der zuhause ist, um seiner Arbeit nachzugehen. Und ich ernenne zwei meiner Großnichten und -neffen, Sophie und Benedikt, zu meinen Kindern.

»Das ist die Demoralisierung Europas!«, erregt sich einer der Männer, der mit seiner Frau mir gegenüber

In contrast to the patriarchal system of the North, the rules of matriarchy in Kerala allow daughters to inherit from their mothers. If there is only one son in the family who might have only one or two daughters, the possessions are divided accordingly. Another facet in the number of possibilities as well as a new mosaic stone in Indian's colourful image.

My curiosity is aroused, I decide to stay in the country and to continue into the interior taking the classic tourist route to Varanasi, Fatehpur Sikri, Delhi, Agra, Jaipur and perhaps Pushkar. The »incredible« tourist attractions are described in every good travel guide, yet the descriptions resemble black and white photographs. While for me the picture of India becomes coloured now and is brought to life through the filter of my own perceptions and emotions.

The train journey from Darjeeling in the »toy train« – a small gauge-railway – takes seven hours into the valley, to Varanasi another 36 hours. Enough time to get involved in conversation. For most Indians it is utterly out of the question that a woman can travel alone. Therefore any conversation inevitably begins with the two questions: »*Where is your husband? And how many children do you have?*« In order not to aggravate the already completely incomprehensible situation, I speak of »my« husband who could not take time off from work. My grandniece and -nephew Sophie and Benedikt are »appointed« to »my« children.

»*This is the European demoralization!*« shouts a man sitting with his wife just opposite. The Indian women in the compartment remain quiet, me too: this seems

sitzt. Die indischen Frauen im Abteil schweigen, und ich schließe mich an, denn das ist wohl am klügsten. Ein zweiter Inder entgegnet dem Streitsüchtigen und zeigt sich über meine Reisefreiheit begeistert. Es ist der Beginn eines Wortgefechtes zwischen den beiden Männern, das in Handgreiflichkeit übergehen könnte. Um dem zu entkommen, klettere ich ins Gepäcksnetz und versuche neben meinem Rucksack einzuschlafen. Der Zug rollt durch Bihar, einer der ärmsten Bundesstaaten Indiens. Als ich wieder aufwache, ist es ruhig im Abteil. Wir nähern uns der Stadt Patna, wo der Passagier, der mich verteidigte, aussteigt. Er will mich zu seiner Familie mitnehmen, eine Einladung, die ich freundlichst ablehne.

An jedem Bahnhof drängen sich kleine Buben an die vergitterten Fenster des Zuges oder stürmen in die Waggons, um Tee, Samosas[2] oder Früchte zu verkaufen. Der Tee, süß und milchig, wird in winzigen Tonschalen gereicht, die, wenn geleert – zum Recycling – aus dem fahrenden Zug geworfen werden, zerbrechen und wieder zu Tonerde werden. Wie sinnvoll diese nachhaltige Form der Entsorgung war, wird mir erst wirklich bewusst, wenn ich heute anstatt der Tonschalen Plastikbecher sehe, die vom Wind durch die Landschaft getragen werden.

Mit der Ankunft in Varanasi, dem früheren Benares, tauche ich ein in das wirkliche Indien. Es ist die heiligste und chaotischste aller Pilgerstätten, das Ziel der frommen Hindus. Lärmendes Durcheinander begrüßt

---

[2] Dreieckige Teigtaschen gefüllt mit Kartoffeln, Gemüse oder auch Fleisch.

the wisest thing to calm the situation. Another Indian gentleman retorts the belligerent man and expresses his enthusiasm about my freedom to travel. This is followed by a hot dispute between the two men, which might end up in physical violence. To escape the scene I climb onto the luggage rack and try to fall asleep next to my rucksack, while the train rolls through Bihar, one of the poorest states of India. When I wake up, it is quiet in the compartment. We are approaching Patna, where the passenger who »defended« my situation leaves the train. He would feel honoured, if I followed his invitation to see his family, yet I politely decline.

In every station young boys push against the barred windows of the train or dash into the carriage selling tea, samosas[2] and fruit. Tea, sweet and milky, is served in tiny earthen bowls, which are thrown out of the windows, break and decompose into dust, to be made into another cup perhaps. Years later, when I see heaps of plastic cups being blown across the fields, I realize how useful this sustainable form of waste disposal was.

With the arrival in Varanasi, formerly called Benares, I immerse in the real India. It is the holiest and the most chaotic of all pilgrim places, the final destination for devout Hindus. At the train station the traveller is welcomed

---

2 Small Indian triangular pastry filled with potatoes or vegetables or meat.

die Ankommenden am Bahnhof, wo sich zahllose Rikschafahrer um die Fahrgäste buchstäblich raufen. Nun setzt sich ein undurchschaubares Netzwerk in Bewegung, in welchem der ahnungslose Tourist als potentielle Geldquelle weiter gereicht wird. Zuerst ist man froh, in einem Transportmittel Zuflucht gefunden zu haben, und am Weg zu einem Budgethotel zu sein, das im »Lonely Planet[3]«-Reisebegleiter empfohlen wird. Stattdessen landet man in einem ganz anderen Stadtteil in einer anderen Unterkunft. Vergeblich versucht man, seinen Wunsch erfüllt zu bekommen, denn es wird nicht sehr glaubhaft versichert, dass das gewünschte Hotel geschlossen wäre oder gar nicht existierte.

Der kommende Tag beginnt noch in der Dunkelheit, um beim Morgengrauen schon an den Ghats zu sein, den Stufen, die zum Gangesufer hinunterführen. Dort brauche ich nicht zu suchen, denn ein Boot mit Fährmann, der mich auf den Ganges hinaus rudert, wartet bereits auf mich. Breit und gemächlich fließt der Strom. Allmählich füllen sich die Ghats. Frauen und Männer stehen dicht aneinander gedrängt, die Männer halb entkleidet, ins Wasser eintauchend, sich waschend und trinkend. Es bleibt mir nur das Staunen, wie dieser heilige Fluss, der alles Menschliche, von der Asche zum Abwasser, mitführt, nicht zur Kloake verkommt, sondern für die Inder zur seelischen und körperlichen Reinigung dient.

Die aufgehende Sonne badet Menschen und Fassaden in einem magischen, goldenen Licht. Der Fährmann übergibt mir bereitwillig die Ruder und lehnt sich zurück. Unser Boot trägt uns weiter in der Mitte des

---

3 Lonely Planet, a Travel Survival Kit, India 1987

by chaotic-noisy turbulence, innumerable riksha drivers literally fight over a passenger. An inscrutable network is set in motion, in which the unsuspecting tourist is passed on as a potential source to make money. At first I am glad to have fled into a sheltering vehicle and being taken to the Low Budget hotel mentioned in the Lonely Planet[3] guide. Yet, I end up in a completely different part of town, in a different lodging. It is fruitless to argue, the driver not very convincingly counters that the aforementioned hotel is closed or – even worse – does not exist at all.

The next day begins in the darkness before dawn, in order to be at the ghats, the steps leading to the bank of the Ganges. No need to look for a ferryman, there is already one waiting for me. Broad and leisurely the river flows. The ghats are gradually getting crowded, women and men stand closely to each other, the men half undressed, dipping into the water to wash and to drink. My mind boggles at seeing how the Ganges, which carries everything human from ashes to waste water, has not turned into a sewer, but instead serves the Indians for cleansing body and soul.

The rising sun bathes people and facades in a magic, golden light. The ferryman does not hesitate to hand over the oars to me and leans back. Our boat carries us to the middle of the river – it becomes more quiet, there

---

3 Lonely Planet, A Travel survival kit, India, 1987

Flusses – es wird ruhiger, am Einäscherungs-Ghat ist noch niemand, weiter unten werden Saris gewaschen und zum Trocknen aufgelegt. Ziegen grasen, Geier kreisen und warten auf den Hausdächern. Als die Sonne immer heißer wird, steuern wir zum Ufer zurück.

Der Rikschafahrer steht schon wieder bereit und bringt mich, ohne zu fragen, weiter zu einem muslimischen Teppichverkäufer in einem dunklen Seitengang des Marktes. Wir sitzen auf dem Boden, auf Teppichen natürlich, Tee wird serviert und ich bestaune das prachtvolle seidene Gewebe. Und ich wünsche mir zugleich dringendst, mich aus dem Geflecht der Schlepperei wieder befreien zu können. Endlich gelingt es mir, den Teppichhändler zu überzeugen, dass ich keinen Teppich im Rucksack mittragen werde.

Ich steige in keine Rikscha mehr, sondern schlendere durch die engen Gassen. Betäubt vom Geruch von Weihrauch und Obst, vom Gestank von Abflussgewässern und brennendem Abfall, begleitet von den Rufen nach Bakshees sauge ich das unbeschreibliche Treiben und Drängen und Lärmen ein. Die so knapp aneinander gebauten Häuser lassen die Sonnenstrahlen nur bis zum oberen Stockwerk einfallen. In einer kleinen Gebetsecke – nur ein Quadratmeter, durch einen hängenden Spiegel vergrößert – bringt ein blinder Mann ein »pujar« dar, Opfergaben aus Blättern und Weihrauchstäbchen. An einer Ecke kauert auf Krücken statt der Beine, ganz verhüllt eine Gestalt, vielleicht ein Leprakranker, der seinen noch vorhandenen Arm nach einem Almosen ausstreckt.

is no one at the cremation-ghat, further down saris are washed and laid out to dry. Goats graze, vultures circle and wait on the roof-tops. When the sun becomes hotter, we navigate back to the shore.

The riksha driver is already waiting and – without being asked – takes me to a Muslim carpet dealer in a dark side-alley of the market. We sit on the floor, on carpets of course, tea is served, and I admire the carpets' beautiful silken texture. Yet, I long to escape this ring of touts. I finally succeed in convincing the carpet dealer that I will not carry a carpet in my rucksack.

I do not take another riksha, but stroll through the narrow lanes. Intoxicated by the smell of incense and fruit, the stench of sewage and pungent smoke of burning rubbish, accompanied by the call for bakshees I inhale this indescribable hustle of the crowd. Only the upper floors of the buildings closely built to each other are touched by rays of sun. In a tiny shelter – not more than a square metre enlarged by means of a hanging mirror – a blind man is making a »pujar«, a sacrificial offering of leaves and incense sticks. On a street corner a person with crutches for his legs, completely covered in cloth, maybe a leper, stretches out his still existing arm for alms.

Licht und Schatten sind die einprägsamsten Merkmale auf dem Weg durch diese unbegreifliche, zauberhafte, erschreckende, schöne Stadt. Nach einem meditativen Tag in Sarnath, wo Buddha seine erste Predigt hielt, warte ich im Mughal Serai-Bahnhof auf den Nachtzug nach Agra.

Der Boden in der Wartehalle ist bedeckt mit schlafenden, stöhnenden Gestalten, die sich auf einem Fetzen, andere auf einem Teppich, zum Ausruhen nieder gelegt haben. Dazwischen steht eine Doppelbank, auf der einen Seite sitzen zwei ältere Frauen, auf der anderen der zu ihnen gehörende Mann. Neben ihm ist noch ein Platz für mich frei. Er ist eingeschlafen, während ich über mein Gepäck wache, denn Diebstahl hier und im Zug ist nicht ungewöhnlich. Plötzlich hebt er seinen Kopf und schaut mich verwundert an. Nach kurzem Überlegen fragt er mich, ob ich nicht ein indisches Mädchen heiraten möchte. Er könnte eine richtige Hochzeit in kurzer Zeit arrangieren. Er hält mich offensichtlich für einen Mann, denn in seinem Weltbild ist wahrscheinlich kein Platz für eine allein reisende Frau mit kurzem Haar und Rucksack.

Dass es tatsächlich nicht ungefährlich ist, sich als Frau allein in diesem Land zu bewegen, wird mir auf meiner letzten Station in Rajasthan noch einmal voll bewusst. Ich komme zurück vom Besuch des Jantar Mantars, dem Observatorium in Jaipur. Es gehört zu den eindrucksvollsten Anlagen, die 1728 von Jai Singh II zum Zweck der Beobachtung der Himmelsgestirne, zur Messung der Zeit oder zum Berechnen von Sonnenfinsternissen erbaut wurde. Die Ansammlung der bizarren Bauwerke gleicht monumentalen modernen Skulpturen.

Light and shadow are the most distinctive features of this incomprehensible, magical, terrifying, beautiful city. After a meditative day in Sarnath, where Buddha preached his first sermon, I am waiting in Mughal Serai station for the night train to Agra. The floor of the entrance hall is covered with sleeping or groaning people who rest on rags or carpets. In their midst is a double bench, on one side sit two elderly women, on the other side a man belonging to them. Next to him there is room for me. He is asleep, while I keep watch over my luggage, for theft is not unusual at the stations or in the train. Suddenly he lifts his head and is astonished at seeing me. After a short reflection he inquires whether I would be interested in marrying an Indian girl. He could arrange a real wedding in the shortest possible time. Apparently he takes me for a man, in his view of life there is obviously no room for a lone traveller with short hair and rucksack who happens to be a woman.

That it is not completely safe for a woman to travel on her own in this country, I realize once more at my last stop in Rajasthan. I come back from Jantar Mantar, the astronomical observatory in Jaipur. It is one of the most impressive monuments built in 1728 by Jai Singh II for the purpose of watching the constellation of stars and planets and measuring time as well as solar eclipses. The assembly of bizarre architectural buildings resembles modern sculptures.

Voll freudiger Vorstimmung auf meine baldige Abreise treffe ich in der Herberge eine junge Französin. Sie hat Zeit in einem Ashram verbracht, in dem Drogen verabreicht wurden, deshalb weiß sie nicht mehr, ob sie dort auch sexuell missbraucht worden war, und von wem. Sie ist verzweifelt und total kraftlos. Ich biete ihr an, sie zum Flughafen mitzunehmen und die Rückreise nach Frankreich mit ihr zu organisieren. Doch es fehlt ihr an nötigem Willen, um an dem vereinbarten Treffpunkt zu erscheinen.

Als ich im Flugzeug sitze, bin ich überglücklich und doch von zwei, vollkommen widersprüchlichen Gefühlen beherrscht, die Indien zu jenem Zeitpunkt in mir hinterlässt – Faszination und Abscheu.

In joyful expectation of my imminent departure, I meet a young French woman in the lodge. She has spent time in an ashram where drugs were consumed, and she cannot recall whether she was sexually abused and if so, by whom. She is desperate and totally without energy. I suggest we go to the airport together and organize her journey back to France. Yet she lacks the necessary will power and does not show up at the arranged meeting-point. Seated in the plane, I am overjoyed, but at the same time dominated by two completely contradictory feelings about India – fascination and disgust.

Indien – der Norden

India – the North

Diener im Palast / Servant in a palace

Durst löschen / Quench the thirst

Traum von Bollywood / Dream of Bollywood

Marktszene / Market scene

Fenster in Taj Mahal / Window in the Taj Mahal

Jaipur Sternwarte / Jaipur observatory

Pfauenthron / Peacock throne

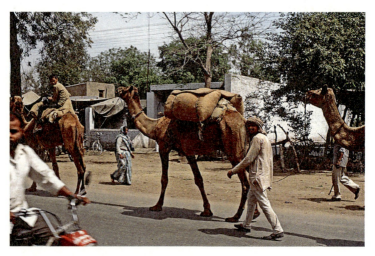

Kamelmarkt in Pushkar / Camel market in Pushkar

Teppichmanufaktur in Varanasi / Carpet-maker in Varanasi

Indien – der Süden – Sommer 1999

Was habe ich eigentlich begriffen von diesem unfassbaren Subkontinent? Fast zehn Jahre liegt meine letzte Indien-Reise zurück und es zieht mich wieder hin, sodass ich mich einer kleinen Gruppe von zwei Südtirolern und fünf Österreichern anschließe, um den Süden des Landes kennenzulernen. »Empezamos«, eine kleine Gruppe von Studenten aus Wien, und die »Madurai Social Services Society« in Tamil Nadu organisierten »Eine-Welt-Wochen«, in denen wir nicht nur soziale Einrichtungen aufsuchten, sondern auch das Leben in den Dörfern erspüren konnten. Die Erfahrungen dieser fünf Wochen waren so einzigartig, wie sie das beste und teuerste Reisebüro nicht hätte anbieten können.

Zu den täglichen Ausflügen gehörten Besuche in Schulen, Krankenhäusern, Heimen für Kinder, Zündholz- und Feuerwerksfabriken, Dörfern, in denen Dalits (Unberührbare) leben oder Siedlungen von Adivasi (Ureinwohner) in den »Blauen Bergen« von Nilgiris.

An einem Tag haben wir besonders viel vor: In Tirunelvelli besuchen wir eine Schule, die sich um Behinderte und um Schulaussteiger kümmert, um ihnen eine Berufsausbildung zu ermöglichen. Unterwegs sehen wir an einem Fluss, wie sie Matten aus Korai Gras weben. Zwei bis fünf Tage liegt das Gras gebündelt im Fluss, dann kann es fein gespalten werden. In Naturfarben und dunklem Weinrot ist das Muster gewebt, weich und glänzend sieht die Matte aus, wie aus Seide.

Etwas verspätet treffen wir in der nächsten Schule ein, wo 450 Kinder auf uns warten. Mit großer Freude heißen sie uns willkommen, keine Spur von Verdruss über die

India – the South – Summer 1999

What did I actually comprehend about this unfathomable subcontinent? Nearly ten years have passed since my previous journey to India, and now I feel drawn to go there again. I join a small group of two Italians from Südtirol (Southern Tyrol, province of Italy) and five Austrians to learn more about the South of India. A small group of students (»Empezamos«) from Vienna and the »Madurai Social Services Society« in Tamil Nadu are organizing »One World Weeks« in order to visit social institutions and learn more about the daily life in the villages. The experiences gained during those five weeks are unique – The best and most expensive travel agency could not have offered anything like it.

Our daily trips consist of visiting schools, hospitals, orphanages, factories for matches and fireworks productions, villages of Dalits (the Untouchables) and Adivasi (indigenous people) settlements in the »Blue Mountains« of Nilgiris. One day our programme is particularly extensive: In Tirunelvelli we visit a school where they look after handicapped people and drop-outs and provide them with job training. En route we stop at a river to see how mats are woven of Korai grass. For five days bundles of that grass soak in the river, to be split afterwards into fine strings. The mats woven in natural beige and dark ruby-red patterns are soft and brilliant like silk.

With some delay we arrive at the next school, where 450 pupils have been waiting for us with oriental patience, without any sign of annoyance we are received with a hearty welcome. Before watching the play prepared

lange Wartezeit, die sie mit orientalischer Gelassenheit hinnehmen. Bevor wir uns ihre Theateraufführung ansehen, halte ich, von der Gruppe zur Sprecherin gewählt, eine kurze Rede als Begrüßung und Dank, dass wir bei ihnen sein dürfen. Der Inhalt des Dramas ist so eindrucksvoll, dass ich es noch immer bildhaft vor mir sehe:

Ein Fremder kommt am Flughafen an und findet einen großen Stein, den er von seinem Weg entfernt. Als er sich umsieht, trifft er auf einen Menschen, der aus dem Stein eine Statue meißelt. Der erste Vorübergehende ist ein Hindu, mit Sandelholz und roter Farbe in seinem Reisebündel, diese streicht er auf die Stirn der Statue und verehrt sie dann. Es folgt ein Christ, in dessen Wahrnehmung die Statue zur Jungfrau Maria wird. Schließlich geht ein Moslem vorbei und betet vor der Statue zu Allah. Als alle drei aufeinander treffen, beschimpfen sie sich, denn jeder will Recht haben. Bis der Künstler zu ihnen sagt: »Ich habe keinen Gott geformt, nur eine Statue«. Einer von ihnen ergreift die indische Fahne und hisst sie über dem Ort der Auseinandersetzung.

Diese Einheit in der Vielfalt zu erkennen und zu leben, ist in dem Milliardenvolk sicherlich ein wichtiger Aspekt, wenn es auch dort und da zu Konflikten kommt.

Theater, vor allem Straßentheater, ist für die Menschen in den südindischen Dörfern eine wesentliche Form der Vermittlung von Botschaften. Um Probleme im Zusammenleben von Familien darzustellen, sowie auch mögliche Lösungen, lassen sich öffentliche Plätze am besten als Bühne benützen. Zu den häufigsten Ursachen von Konflikten gehören Alkoholismus und die Diskriminierung von Mädchen. Ich habe mich beim Verkosten der herrlich süßen, nach Muskateller schmeckenden Trauben öfter gewundert, warum sie keinen

for us, the speaker of our group – for which I have been chosen – gives a short greeting and expresses gratitude for being invited. A vivid picture of the drama is still present:

A stranger arrives at the airport and finds a large stone, which he removes from his path. While he looks around, a man begins to chisel a statue out of it. The first passer-by is a Hindu with sandalwood and red dye in his bundle, which he smears on the forehead of the statue. The Christian who follows perceives the image of Virgin Mary in this statue. Finally, a Muslim wanders along and kneels down to pray to Allah. At last all three of them meet and start insulting each other, each claiming his perception as the right one, until the artist speaks up: »I have not created an image of a God, just a statue«. One of the three takes hold of an Indian flag and hoists it over the place of dispute.

To recognize and demonstrate unity in their diversity is an important aspect and a condition necessary to preserve peace in a population of more than a billion people, despite conflicts every now and then.

In South Indian villages street theatre is the foremost means of conveying essential messages. Public places are an ideal stage on which to dramatize, by way of instruction, problems experienced in family life. Consumption of alcohol and discrimination against girls and women are the most common cause of family conflicts. I often wondered why the sweet and tasty grapes are not made

Wein daraus machen. Es ist die unglaubliche Angst vor den Folgen des Alkoholismus. Der einzige Fusel, den die ärmeren Schichten zu kaufen bekommen, macht schnell betrunken, führt zu Erblindung und nicht selten sogar zum Tod. Wenn ein Familienvater dem Alkohol zugetan ist, sind die Konsequenzen für Frau und Kinder meist Gewalt und erschreckende Armut.

Deshalb sind auch die »Sangams« immer Vereinigungen von Frauen, denn sie sind es, die für die Familien letztendlich die Verantwortung tragen. Wir sind in mehreren Dalit Dörfern zu einem Sangam eingeladen, aber am spannendsten ist das Treffen von Frauen aus verschiedenen Orten. Anfänglich waren es nur fünf tapfere Mütter, die sich zur gegenseitigen Ermutigung und gegen die Dominanz ihrer Ehemänner zusammen getan hatten, inzwischen sind es wahrscheinlich mehr als 350. Am späten Nachmittag treffen sie aus verschiedenen Richtungen ein – ein gemeinsames Lied in Kannata Sprache stimmt sie auf das Miteinandersein ein. Nicht nur die zwei Männer aus unserer Gruppe, auch einige aus der Dorfgemeinschaft sind unter den zahlreichen Frauen zu sehen.

»Was ist euch als Gemeinschaft in letzter Zeit gelungen?«, kommt als erste Frage von uns.

»Eine Resolution gegen Kinderheirat und gegen die Bestechung der Polizei. Das sind zwei große Schritte. Und als im vergangenen Jahr eine Dalit Frau von einem Mann aus einer höheren Kaste vergewaltigt wurde, sind spontan tausende Menschen aus unterschiedlichen Kasten auf die Straße gegangen.«

into wine. An almost incredible fear of alcohol abuse is the reason, being the main cause of social violence. The lower social castes can only afford rotgut which quickly brings about drunkenness, sometimes leads to blindness or even death. If a husband and father tends to drink regularly the consequences for wife and children are violence and dire poverty.

This situation has given rise to »Sangams«, gatherings of women against violence, for they are actually responsible for the family. We are invited to take part in sangams in several Dalit villages. The most interesting »sangam« is the one where women from many different places come together. Initiated by five brave mothers, this association for mutual encouragement and against male dominance has meanwhile grown to about 350 members. During the late afternoon women come on foot from different directions and – in order to get attuned to their togetherness – they all join in with a song in the Kannata language. Besides the two men from our group there are also some from the local community.

»What have you achieved lately as a group?« is our first question. *»A resolution against child marriage and against bribing the police. Those are two great steps for us. Last year, when a Dalit woman was raped by a man from a higher caste, thousands of people from all parts of society went out into the streets to demonstrate.«*

Unter den Männern in den Dörfern sind natürlich noch so manche im Zweifel über die neue »Frauenpower«, aber der Dorfälteste unterstützt sie, denn er versteht, dass dies zum Wohl der Gemeinschaft ist.

»Und welche Rechte haben Frauen bei euch?«, wollen sie von uns wissen.

Es gefällt ihnen, dass wir selbst entscheiden dürfen, ob und wen wir heiraten wollen. Uns interessiert, wie eine Frau hier genug verdienen kann, um die Familie zu ernähren.

»Um einen Mikrokredit von der Development Bank zu bekommen, müssen wir zuerst etwas ansparen, das von NGOs organisiert wird. Dann können wir allein oder in Kleingruppen Mini-Unternehmen gründen, mit einer Nähmaschine, einem Gemüsestand oder Ziegen, um selbständig zu überleben und auch den Kredit zurückzuzahlen.« Nach einem gemeinsamen Foto mit den Männern zerstreuen sich diese mutigen, starken Frauen und gehen in ihre Dörfer zurück.

Das Schicksal der Kinder aus den ärmsten Familien – wir finden sie in Zündholz- und Feuerwerksfabriken – berührt mich besonders, es ist das Erschütterndste. In der Umgebung von Sivakasi gibt es wahrscheinlich die in Indien höchste Anzahl von Kindern ab sechs Jahren in Arbeitsverhältnissen, die erdrückend sind. Wir können uns vor Ort davon überzeugen. Bereits die Fahrt in einem Kleinlastwagen, der in der plötzlich einbrechenden Dunkelheit ohne Licht fährt, scheint ein Vorbote zu sein vom glücklosen Dasein in dieser Umgebung. Der Fahrer des Wagens ist ratlos. Wir suchen nach Taschenlampen und strecken unsere Arme aus den Fenstern – wie ein Stern in endloser Finsternis. Auf der

Although many men in the villages still disapprove of the empowerment of women, the village elder supports them, well aware that it is for the good of the whole community. *»And what rights have women in your country?«* they want to know. They are pleased to hear that we can decide about our own life, and can decide, if we want to get married, as well as whom we want to marry. We wonder how a woman can earn enough to keep a family.

»In order to get a micro-credit from the Development Bank, we first have to save some money. NGOs help to organize it. Alone or in small groups we can found small enterprises either with a sewing-machine, a vegetable stall or goats, thus we can live independently and pay back our loan.«

At the end of the meeting a photograph is taken, before the courageous women turn homewards.

The fate of children from destitute families – we find them in matches and fireworks factories – is heart-rending. Around Sivakasi is the highest rate of child labour, they start working at the age of six under intolerable working conditions, of which we get an inkling. In a small lorry without lights we ride through the darkness which seems already a bad omen of the dire conditions in this area. Our driver is puzzled, unable to repair the lights. We search for our torch-lamps and with outstretched arms we light the night, like a star in endless darkness.

Landstraße sind zwar kaum Autos, aber Tag und Nacht Menschen und Tiere unterwegs – hoffentlich vernehmen sie das Rattern des Fahrzeuges und flüchten rechtzeitig von der Straße. Als wir ankommen, sind alle ziemlich angespannt und die Frage des Mannes, dessen Haus wir für eine Woche mieten können, ist sehr einleuchtend: »*What is the purpose of your visit?*« – »*Warum seid ihr hier?*«

Die Antwort auf diese Frage ergibt sich für uns erst später, als wir das Ausmaß des Elends sehen und beschließen, ein Ausbildungsprojekt für Jugendliche in Kughenparai zu finanzieren. (Dorothea und die Entwicklungshilfe in Südtirol).

In der trockenen Hitze von Tamil Nadu sind die Flüsse schon ausgetrocknet. Mehr als 1800 Feuerwerksfabriken produzieren hier für die Nachfrage aus der ganzen Welt. Ihre Besitzer vermuten, dass europäische Besucher eher Käufer sein werden als Ankläger, und lassen uns unbeaufsichtigt herumgehen und fotografieren. Kinder, Frauen und Männer, die hier arbeiten, sind zu einem frühen Tod verurteilt, ob durch Explosion und Brand oder durch giftige Chemikalien, die von den »silvermen« ohne jeden Hautschutz verarbeitet werden. Zu ihrem kargen Lohn bekommen sie ein Stück Seife pro Woche!

Kleinkinder sitzen neben ihren Müttern, die uns anflehen, ihr Kind doch mitzunehmen, wegzutragen aus dieser Hölle. Buben und Mädchen stechen Löcher in »firecrackers«, Raketen, die sie dann mit Schießpulver füllen. Für sie besteht die einzige Hoffnung, sich aus der Versklavung zu befreien, wenn sie Abendschulen besuchen oder von einer ausländischen Organisation unterstützt werden, die den Ausfall ihres Lohnes an die Eltern erstatten kann. Nach zwölf bis vierzehn Stunden Arbeit

There are hardly ever cars, but day and night people and animals are moving around. We can only hope they are warned by the rattling of the vehicle and leave the road for their own safety. When we arrive, everybody is rather tense, and the question of the man whose house we can rent for a week sounds plausible: »*What is the purpose of your visit?*« The correct answer to his question follows a little later, when we are confronted with all the misery and decide to finance a project for job training for juveniles (Dorothea, development aid, Südtirol).

In the heat of Tamil Nadu the river beds are already dry at this time of the year. In this area more than 1.800 firework factories produce to satisfy the demand from all over the world. Their owners consider European visitors to be customers rather than critics of their trade, we therefore can wander around unobserved and take photographs. For all the children, women and men working under these conditions it is a sort of early death sentence, either through explosion and fire or by poisoning from the chemicals that are applied by the »silvermen«, all of whom work without any skin protection. However, additionally to their meagre wages they receive a piece of soap per week! Small toddlers sit next to their mothers, who beg us to take their child with us, carry it away from this hell. Boys and girls pinch holes in the firecrackers which they fill with gunpowder. The only hope to escape this enslavement is schooling in evening classes or financial support of their families by foreign organisations / initiatives – NGOs to make up for the loss of their wages. Learning to read and write during »night classes« in a small, dark and shabby

in der trockenen Hitze von Tamil Nadu noch in eine »Nachtschule« zu gehen, ein kleiner, dunkler, schäbiger Raum, der eher einer Kohlenkammer gleicht, erscheint uns unerträglich, ist jedoch trauriger Alltag. Seit ich diese indischen Arbeitslager gesehen habe, die zwar nicht mit Stacheldraht abgeriegelt, aber in der Wüste angesiedelt sind, ist mir das schöne Spektakel eines Feuerwerks zum schmerzhaften Anblick geworden.

Eine andere Gruppe von Ausgegrenzten sind die indischen Ureinwohner, die Adivasi, rechtlich noch niedriger gestellt als die Dalits, da sie außerhalb des Kastensystems leben. Meist sind ihre Dörfer in bewaldetem Hügel- und Berggebiet angesiedelt, in einer landschaftlich bezaubernden Umgebung, weit entfernt von den verseuchten grün-rot schillernden Abwässern im industriellen Sivakasi. Wir sind eingeladen in einem Dorf in den Blauen Bergen von Nilgiris, werden dort mit Musik empfangen und zum Dorfplatz gebracht, wo die Dorfbewohner auf uns warten. Tamil, Kannata, Malayalam und Telugo sind einige drawidische Sprachen, die im Süden gesprochen werden. Um den Dialekt der Adivasi zu verstehen, brauchen auch die meisten Inder einen Übersetzer. Die größte Herausforderung für die Adivasi in ganz Indien ist die Bedrohung ihres Lebensraumes, da sie selbst keinen Besitzanspruch kennen. Das Land, der Wald gehört nicht ihnen, sondern sie gehören zum Wald, zum Land. Sie leben in einem Teil der »Nilgiris Biosphere Reserve« und flehen uns an, der WWF möge sich zu ihrer Verteidigung einschalten. In der darauffolgenden Korrespondenz versuche ich die Situation mit dem WWF zu klären und den Standpunkt der Adivasi darzustellen, da sie die tatsächlichen Beschützer des Waldes sind. Doch der WWF besteht darauf, eine

room, resembling a coal cellar, after 12 to 13 hours of hard work in the dry heat of Tamil Nadu, seems unbearable, but is a sad reality. Since I have seen those Indian labour camps, though not fenced in by barbed wire but located in the desert, the fascinating spectacle of fireworks has become a painful sight to me.

Another group of excluded persons are the Indian aborigines, the Adivasi, even lower in the Indian society than the Dalits, because they live outside the caste system. Their settlements are mainly in forested hills and mountain regions in a beautiful landscape far from the polluted, green-reddish iridescent waste waters of industrial Sivakasi. We are invited to a village in the Blue Mountains of Nilgiris, welcomed by a small group of musicians and led to the main village square, where the villagers have been waiting for us. Tamil, Kannata, Malayalam and Telugo are a few of the Dravidian languages spoken in the South, but even most Indians need a translator to grasp the meaning of the Adivasi dialects. As elsewhere in the world the aboriginal inhabitants do not »possess« property, consequently they are under constant threat of being driven off their native land. In their view the land, the forest does not belong to them, they belong to the forest, to the land. They have been settled in one part of the Nilgiris Biosphere Reserve and begged us to make the WWF support their rights. The WWF's answer to my ensuing letter with all the necessary, detailed information on the Adivasis, who actually take care of the forest, is unbelievable:

Organisation für bedrohte Tiere und bedrohte Natur, nicht für bedrohte Menschen zu sein. Welch unbegreifliche, eingeschränkte Sicht unserer Welt!

Wir möchten auch wissen, wie sie in dieser abgeschlossenen Gesellschaft überleben, was sie im Notfall tun, da sie doch so weit von medizinischer Hilfe entfernt sind.

»Für jede Krankheit ist ein Kraut gewachsen.«

Das ist bei ihnen kein leerer Spruch, da sie den Nutzen der Pflanzen kennen und sie entsprechend anwenden.

»Dieses Wissen geben wir weiter an unsere Kinder. Die Mädchen brauchen auch keine Mitgift in die Ehe mitzubringen, damit vermeiden wir viel Unheil.«

Seit 2006 (festgelegt im Forest Act) ist es den Adivasi gesetzlich erlaubt, Pflanzen und Früchte aus dem Wald zu ernten, denn sie pflegen die Gedanken Gandhis:

»There is enough for everyman's need, but not for everyman's greed.«

Das wird aufs herzlichste spürbar, als wir uns alle auf dem Dorfplatz in einem großen Kreis nebeneinander hinsetzen, und sie mit uns ihr Mahl teilen.

Nach zahllosen, unvergesslichen Eindrücken und Erlebnissen hat das Land ein menschliches Antlitz bekommen. Die herzerwärmenden Erfahrungen, sowie die erschreckenden Einblicke in das erschütternde Elend der Kinder und Jugendlichen haben meine Reisekollegin Dorothea aus Südtirol und mich dazu bewogen, zwei Hilfsprojekte ins Leben zu rufen. Zum einen ein Brunnenbau und eine Bewässerungsanlage bei der Schule in Venkatrayapuram und ein Ausbildungsprogramm für Jugendliche aus der Umgebung von Kughenparai.

Die abschließende Reise durch Kerala ist wie ein warmes Bad – ruhige »backwaters« und traumhafte Strände,

»WWF is an NGO for endangered animals and nature, but not for endangered human beings.«

What an incomprehensible, limited and short-sighted view of our world!

We are curious to find out how these people can survive in this isolation, with medical care far away.

»There is a plant for every illness«

The proverb can be taken literally, since they are familiar with every plant and its use.

»And this knowledge is handed on to our children. In contrast to the other Indians, our girls do not need a dowry when they marry. That avoids much pain and conflict.«

Their right to live there is contested by encroaching farmers, although according to the Forestry Act of 2006 Adivasis are allowed to harvest plants and fruits in forests. To them the thoughts of Gandhi are law:

»There is enough for everyman's need, but not for everyman's greed.«

This can be felt in their sincere hospitality, when they sit with us in a large circle round the square and share a meal with us.

After so many unforgettable impressions and experiences a human countenance is imprinted on my image of India. Heart-rending events, in particular the insight into the dreadful hardship of children's lives, their abuse and exploitation, have moved my colleague Dorothea from Südtirol (Italy) and myself to initiate two aid programmes: Digging a well combined with an irrigation system for the school in Venkatrayapuram and a job training programme for young people in the area of Kughenparai.

The final part of the journey in Kerala feels like a warm bath – quiet backwaters, splendid beaches and

fruchtbare Hügel, wo die Gewürze, Pfeffer, Kardamon, Chili und Koriander gedeihen und duften. Dass ein Land mit kommunistischer Regierung (1999) und mit einer relativ großen Anzahl von Christen die am besten gebildete und sozial ausgeglichene Bevölkerung hat, ist eines der Wunder von Indien.

fertile hills, where spices – pepper, cardamom, chilli and coriander – grow and scent the air. At that time [1999] the state of Kerala has a communist government, a relatively large Christian community and the best-educated, socially balanced population. This is one of the wonders of India.

Indien – der Süden

India – the South

Heilige Stätte / Holy place

In Madurai

Markt in Kerala / Market in Kerala

Markt in Tamil Nadu / Market in Tamil Nadu

Fischer in Ovari / Fishermen in Ovari

Schuster – die niedrigste Kaste / Cobbler – the lowest cast

Lebendige Vogelscheuche / Living scarecrow in vineyard

Ureinwohner mit Jackfruit / Adivasi – aboriginal inhabitants

Adivasi beim Tanz / Adivasi dancing

»Silverman« in Feuerwerksfabrik / »Silverman« in the fireworks factory

Witwe am Markt / Widow at the market

Frauen im Sangam / Women at a sangam

Visum, Bandit und Ayurveda – 2003

Vier Jahre später reisen wir zu zweit zurück nach Tamil Nadu, um das Brunnenbauprojekt und Bewässerungsanlage bei der Schule in Venkatrayapuram und das Ausbildungsprogramm für Jugendliche aus der Umgebung von Kughenparai zu besuchen und deren Voranschreiten zu überprüfen. Eingeprägt haben sich besonders Beginn, Mitte und Ende dieser Reise.

Dorothea bucht unsere Flugtickets in Bozen, meines wird mir ohne Visum zugeschickt und auch ohne Hinweis, dieses zu besorgen. Im Flug von Singapur nach Cochin werden Einreiseformulare ausgefüllt. Erst jetzt wird mir bewußt, dass ich selbst ein Visum in Wien hätte beantragen müssen. Noch bin ich zuversichtlich, bei der Ankunft in Cochin die Möglichkeit zu haben, den Einreiseantrag zu stellen. Mit größter Höflichkeit und Zerknirschtheit erkläre ich mein Versehen, das aber in Indien einem Verbrechen gleichkommt. Die Polizei umstellt mich, nimmt mir mein Rückflugticket ab und schiebt mich ab mit dem Retourflug nach Singapur. Ich bin seit 24 Stunden unterwegs und vier weitere Stunden dauert nun der Nachtflug. Mein Gepäck übernimmt Dorothea, die in Cochin auf unbestimmte Zeit auf mich warten wird. Sofort nach der Landung in Singapur mache ich mich auf den Weg zur High Commission of India in der Grange Road. Die Räume dort sind voll. Es ist unfassbar – wo wollen die Menschen alle hin? Jetzt überfällt mich die Müdigkeit, aber Einschlafen würde zur Folge haben, dass ich am Abend noch immer dort warte.

Als ich endlich an der Reihe bin, erzähle ich dem jungen Mann von meinem selbstverschuldeten Missge-

Visa, Bandits, Ayurveda – 2003

Four years later Dorothea and I travel back to Tamil Nadu to check on the progress of the well and irrigation project for the school in Venkatrayapuram and the job training program for young people in the area of Kughenparai. Memorable events mark the beginning, the middle and the end of our journey.

Dorothea has booked the two flight tickets in Bozen (Bolzano), mine was sent to me without a visa, without any indication of its necessity. On the flight between Singapore and Cochin, when the entry papers have to be filled in, I realize that I should have applied for a visa in Vienna. I am confident that I can apply for a visa at our arrival in Cochin. With great politeness and contrition I explain my omission, yet for India this is »a criminal act«, police acts accordingly and I am deported with my return ticket to Singapore.

I have been on my way for more than 24 hours, and now four further hours with the night flight follow. Dorothea takes my luggage, she will wait for me in Cochin for as long as it takes. Immediately after landing in Singapore I am on my way to the High Commission of India in Grange Road. The rooms are packed with people. I ask myself, where are they all going? Tiredness overcomes me, but I must not fall asleep, otherwise I might still be waiting there at night. When it is finally my turn, I tell the young gentleman all details of the misfortune

schick, in der starken Hoffnung, das Unmögliche zu erreichen.

»Ein Visum muss in Wien angefordert werden und es wird voraussichtlich mindestens eine Woche dauern.«

Er lässt sich durch Worte nicht erweichen, vielleicht hätte ich ihn mit Geld bestechen sollen, das ist mir jedoch nicht eingefallen. Er merkt schließlich meine Verzweiflung und schickt mich in ein kleines Hinterzimmer, wo ein älterer Herr mit riesigem weißen Schnurrbart und gütigen Augen mich erstaunt begrüßt. Schuldbewusst wiederhole ich die Visumgeschichte und denke schon, dass er mit Milde einlenken wird.

»Sorry, but I cannot help you.«

Was kann ich jetzt noch tun? Irgendwie kann ich nicht begreifen, warum ich wegen eines Stücks Papier mit Stempel eine Woche in Singapur herumsitzen und warten muss.

»Schreiben Sie einen Aufsatz, in dem Sie erklären, warum Sie unbedingt nach Indien reisen wollen«,

sagt Mr. Rathore. Aus Erschöpfung in eine Art Trance versetzt, schreibt sich der Text von selbst. Mr. Rathore nickt zufrieden und fragt nach meinem Beruf:

»Ich bin Englischlehrerin.« »Lieben Sie Poesie? Wer ist Ihr Lieblingsdichter?«

Mir fällt Wordsworth zuerst ein und die Anfangszeilen von

»I wandered lonely as a cloud that floats on high over vales and hills, When all at once I saw a crowd, a host of golden daffodils...«

und er fährt fort:

»Beside the lake, beneath the trees, fluttering and dancing in the breeze.«

caused by my own fault, hopefully to make the impossible possible.

»A visa can only be applied for in Vienna, and this will take at least one week.«

The young man is unwavering, perhaps a bribe could have helped, but that did not come to my mind. Yet finally he notices my sheer desperation and sends me into a small back room where an elderly man with a big moustache and gentle eyes welcomes me with some astonishment. Well aware of my misdoing I repeat my visa-story and hope he will be lenient with me.

»Sorry, but I cannot help you.«

What can I do now? I simply cannot comprehend that I have to hang around and wait for a week in Singapore for a stamped piece of paper.

»Write an essay explaining why you are so keen to go to India!«

Mr. Rathore adds. Totally exhausted almost fallen in trance, the text writes itself. Mr. Rathore nods contentedly, as he reads it and asks for my profession:

»I am an English teacher.«

»Do you love poetry? Who is your favourite poet?«

Wordsworth immediately comes to my mind and the first lines

»I wandered lonely as a cloud that floats on high over vales and hills, When all at once I saw a crowd, a host of golden daffodils …«

and he carries on:

»Beside the lake, beneath the trees, fluttering and dancing in the breeze«.

Abwechselnd zitieren wir die Zeilen von Wordsworth's Gedicht, bis wir zum Schluss kommen:
»*And then my heart with pleasure fills, and dances with the daffodils*«.
Wir haben uns gefunden in der Begeisterung für die englische romantische Dichtung, die größer ist als die Ansprüche der indischen Bürokratie. Am nächsten Tag ist das Visum bereitgestellt und ich fliege vom sauberen Singapur zurück nach Cochin im chaotischen Indien.

Wenn man durch die Altstadt von Cochin flaniert, glaubt man sich in die Zeit der frühen portugiesischen Entdecker versetzt: Es duftet aus den offenen Jutesäcken nach Kardamon, Pfeffer, Zimtstangen und was es sonst noch an Gewürzen aus den nahen Hügeln gibt. In einer engen Gasse findet man die vielleicht einzige Synagoge Indiens, wundervoll gestaltet, jede der weiß-blauen Fliesen ist anders bemalt.

Wir freuen uns, wieder Rose und ihren Ehemann Anthony zu treffen, die mit Sozialprojekten in Südindien betraut sind, und den Fortschritt in den begonnenen Projekten zu sehen. Father Tony will uns mitnehmen nach Talavadi in den Nilgiris Bergen, wo er mit Behinderten und mit Adivasi arbeitet. Da gibt es allerdings eine Hürde: Nilgiris ist zu dem Zeitpunkt für Ausländer gesperrt, denn der Bandit Veerapany hat gedroht, ausländische Touristen zu kidnappen, um auf seine Anliegen und Ziele aufmerksam zu machen. Als eine Art Robin Hood hält er sich in den undurchdringlichen Wäldern versteckt und die Dorfbewohner versorgen ihn mit allem Nötigen. Im Vorjahr hatte er einem hippen Bollywood-Schauspieler eine Unmenge Geld abgeknöpft.

In turns we quote the lines of Wordsworth's poem until we come to the last line:

»*And then my heart with pleasure fills, and dances with the daffodils.*«

We have found each other in the enthusiasm for romantic English poetry, which is stronger than the demands of Indian bureaucracy. Next day I pick up the visa and leave tidy Singapore for Cochin in chaotic India. When you stroll through the old city of Cochin you feel transported into the time of the early Portuguese explorers: Out of the open jute sacks, the fragrance of cardamom, pepper, and cinnamon and all the other spices grown on the surrounding hills perfumes the air. Somewhere in a quiet corner of the town one may find the only Indian synagogue, each of the splendid blue and white tiles is hand-painted differently.

We are delighted meeting Rose and her husband Anthony in Madurai again who are responsible for social projects in South India, and to see how the projects advance. Father Tony wants to take us with him to Talavadi in the Nilgiris mountains, where he works with handicapped people and with the Adivasi. There is however a major problem – right now the Nilgiris are closed to foreigners, because the bandit Veerapani has threatened to kidnap European tourists, in order to draw attention to his motives and aims. He acts like a Robin Hood and is therefore hidden and protected by the people living in the impenetrable forests. The previous year he extorted a large sum of money from a famous Bollywood actor.

Es gelingt Father Tony, die Polizei zu überreden, uns zum Schutz zwei bewaffnete Polizisten mitzugeben. Eigentlich wird die indische Polizei mehr gefürchtet als geachtet, sie ist bekannt für ihre Willkür und das Abkassieren von Erpressungsgeldern. Uns gegenüber ist ihr Verhalten distanziert-korrekt. Sie begleiten uns bei jedem Schritt, sitzen mit ihren Gewehren bei Tisch und stehen nachts vor der Schlafzimmertür. Als wir uns einmal einen Spaziergang gönnen, fahren sie hinter uns her. Veerapany war nirgends zu sehen, erst einige Jahre später gelang es der Polizei, ihn zu stellen. Er wurde ohne Verhandlung auf schnellstem Weg durch eine Kugel »beseitigt«. Erleichtert verlassen wir die herrliche Berglandschaft von Nilgiris.

Wir beschließen, uns nach all den Aufregungen am Ende der Reise eine Ayurveda-Kur zu gönnen. An der empfohlenen Adresse, wo wir erstaunt feststellen, dass nur einige indische Frauen da sind, wird uns das »beste« Zimmer zugeteilt. Wir freuen uns auf eine feine Ayurveda Massage, die allerdings auf einem schwarzen, schmierigen Öltuch auf einer Art Schlachtbank durchgeführt wird. Für die Schlammpackungen sitzen wir in finsteren Löchern und die feuchten, weißen Handtücher sehen am zweiten Tag grau aus, weil sie von Ungeziefer bedeckt sind. Glücklicherweise bekommt Mrs. Salmon, eine Inderin, die ebenfalls hier eine Ayurveda-Kur »genießt«, täglich Besuch von ihrem Sohn, der gut Englisch spricht und in uns sehr willkommene Gesprächspartnerinnen findet. Als sie am Ende ihrer Kur das nach ranzigem Öl riechende, von böse blickenden Betreuerinnen geführte Haus verlässt, lädt sie uns ein nach Palliport. Schon am nächsten Tag besuchen wir

Father Tony succeeds in persuading the police to give us two policemen as an armed escort. Although the Indian police is more dreaded than respected being known for their arbitrary actions and the extortion of bribes. In our situation the two policemen certainly behaved correctly. Every step we take, they accompany us, sit with their guns at the table, watch at night in front of our bedroom. When we go for a walk, they drive behind us. Veerapany was not to be seen anywhere, only a few years later he is captured by the police and – without trial – executed with a bullet. We are relieved to leave the beautiful mountain landscape of Nilgiris.

After all the excitement we decide to enjoy the pleasures of an Ayurveda cure. At the recommended address we are surprised to find only a few Indian women, but we are given the »best« room. We are looking forward to an agreeable Ayurveda massage, yet it is done on a black, oily cloth on a sort of shambles in a slaughterhouse. For the mud packages we sit in dark holes and the humid white towels look grey on the second day because of all the insects on them. Fortunately, Mrs. Salmon, an Indian woman also enjoying an Ayurveda cure, is visited daily by her son, who speaks English well and enjoys our company. When she leaves this rancid smelling house, run by a sly looking staff at the end of her cure, she invites us to Palliport. Already the next day we go to see

sie an diesem Ort, der uns wie ein Paradies erscheint. Sofort kündigen wir unsere Kur, doch erklärt man uns, wir müssten bleiben, da die öffentlichen Verkehrsmittel streikten und wir gar nicht wegfahren könnten.

Über so viel Hinterlistigkeit ärgern und amüsieren wir uns, aber als wir am nächsten Morgen auf der Straße auf den Bus warten, kommt tatsächlich keiner. Doch Mrs. Salmon's Sohn Anthony und sein Freund haben dies vorhergesehen und kommen auf Motorrädern, um uns abzuholen. Mit dem Rucksack auf der Maschine sitzend, den heißen Fahrtwind im Gesicht und mit dem jungen Mann durch die üppige Landschaft rauschend, verschwinden alle unangenehmen Gefühle und Gedanken. Wir kommen an die Küste in unmittelbarer Nähe ihres Heimatortes und nehmen Quartier im Cherai Beach Resort. Beim Blick aus dem Bungalow sieht man auf einer Seite einen unglaublich schönen, endlosen Sandstrand, auf der anderen Seite die Backwaters, wo morgens Männer tauchen, um Sand in Körben nach oben zu bringen. Das alles ist ein Traum – oder doch Indien – mit der hauchdünnen Wand zwischen Dunkel und Licht, Armut und Reichtum, fantastischer Schönheit und erschreckendem Elend.

this place that looks like paradise to us. We immediately cancel the rest of our stay, but we are told that we have to stay on, since public transport is on strike and we cannot depart. Annoyed and amused at so much cunning, we wait next morning for a bus. But there is none. Yet Mrs. Salmon's son Anthony and his friend have seen this coming and pick us up with their motor bikes. With the rucksack on our back, the hot wind in our face and with the young men riding through a lush landscape all unpleasant thoughts and feelings disappear. We arrive at the coast near their home and check in at the Cherai Beach resort. From our window of the bungalow we look out at an incredibly beautiful, endless sandy beach on one side, on the other side are the backwaters, where men dive in the morning to fetch buckets full of sand from the bottom of the sea.

All this is a dream – and yet it is India – where there is the thinnest wall separating darkness and light, poverty and wealth, fantastic beauty and shocking misery.

Pilgerreise

Pilgrimage

Cochin, chinesisches Fischernetz / Cochin, chinese fishing net

Pilgerschaft / Pilgrimage

Pilger in Madurai / Pilgrims in Madurai

Meenakshi Temple, Madurai

Temple in Rameshwaram

Pilger in Aranmula, Kerala / Pilgrims in Aranmula, Kerala

Pilger Fest / Holy ceremony

Rituelle Reinigung / Ritual cleansing

Wäsche waschen am Fluss / Washing in the river

Am Weg zum Tempel / On the way to the temple

Porträts / Portaits

Porträt / Portait

Sehnsucht – 2008/2009

»Wer einmal nicht nur mit den Augen, etwa als Luxusreisender auf einem Touristendampfer, sondern mit der Seele in Indien gewesen ist, dem bleibt es ein Heimwehland, an welches jedes leiseste Zeichen ihn mahnend erinnert«. So schreibt Hermann Hesse über sein Verhältnis zum geistigen Indien. So etwas wie ein Heimwehland ist Indien auch für mich geworden.

Ganz eintauchen in das Leben und die Kultur eines fremden Landes gelingt am besten, wenn man längere Zeit dort sein und auch dort arbeiten kann. Deswegen habe ich mich nach meiner Pensionierung dazu entschieden, für unbegrenzte Zeit zurückzukehren. Weit im Süden, unweit der Grenze zwischen Tamil Nadu und Kerala, liegt Theni, ein Ort der sich seit der »One World«-Tour ins Gedächtnis geritzt hat. Ich erinnere mich an eine Schule, geleitet von Sr. Anastasia, in der ich Englisch unterrichten möchte. Kurz vor meiner Abreise erhalte ich die Zusage:

»You will be staying at my place. It's some ten miles outside of Theni. Perhaps Anthony can take you to Jeevan Jyothi«,

schreibt Sr. Anastasia. »Jeevan Jyothi« bedeutet »Leben und Licht«, die hoffnungsvolle Sanskrit Inschrift über dem Eingang zum Aids Hospiz, in dem ich für die Dauer meines Aufenthalts untergebracht sein werde. Es wurde erst 2005 neu gegründet und so habe ich keine Ahnung, was mich dort erwartet.

Leben in einem Aids-Hospiz ist eine Erfahrung der besonderen Art. Hier sind Menschen, die in der indischen Gesellschaft völlig ausgegrenzt werden, viele von ihnen werden das Hospiz nicht mehr lebend verlassen.

Yearning – 2008/2009

»If you have been to India once, not as a tourist or on a luxury cruise ship, but dived into it with your heart and soul, it will become a »Heimwehland«, so that every reminder will make you feel homesick." With these words Hermann Hesse describes his relationship with spiritual India. India has become a »Heimwehland« also for me.

Immersing into daily life and culture of a foreign country is most complete when working there for a longer period. After my retirement I decide to return to India for an unlimited period of time. Far down in the South, near the border between Tamil Nadu and Kerala lies Theni, unforgettable for me since the »One World Tour«. I remember a school run by Sr. Anastasia, where I want to teach English. Shortly before I leave Europe I receive her written confirmation:

»You will be staying at my place. It's some ten miles outside of Theni. Perhaps Anthony can take you to Jeevan Jyothi.«.

»Jeevan Jyothi« means »Life and Light«, the Sanskrit inscription on the entrance of the AIDS hospice, founded in 2005. Not knowing the place I have not the slightest idea of what to expect, nor where I will live in the following months.

To live in an AIDS hospice is an experience of a very special kind. These people are completely outside the Indian society, many of them will not leave this place alive.

Die Männer, die im Erdgeschoß untergebracht sind, senken ihren Blick, wenn ich als weiße Frau an ihnen vorüber gehe und sie grüße. Zwei uralte Mütter vertreiben sich und ihren beiden kranken Söhnen die Tageszeit, nachts schlafen sie auf Matten neben deren Betten.

Kinder und weibliche Patienten sind im Obergeschoß. Alle hier sehnen sich nach einem freundlichen Lächeln und einer Berührung. Hierher kommt nie ein Verwandter – wohl auch deswegen, weil eine aidskranke Mutter in der Familie unersetzbar ist, und ihr möglicherweise sogar noch Schuld zugewiesen und Schande angelastet werden.

Mein Zimmer, gerade groß genug für ein Stahlbett und einen wackeligen Tisch, ist in einem Nebengebäude, das für Versammlungen von Familienangehörigen der Patienten und andere Zusammentreffen zur Verfügung steht. Die Waschgelegenheit ist unter freiem Himmel. Aus einer Leitung tropft ein dünner Wasserfaden, den ich im Becher auffange, um mich damit zu »duschen«. Da wird mir schnell und unmittelbar die Kostbarkeit des Wassers, selbst wenn es untrinkbar ist, bewusst. Von der Dachterrasse dieses Gebäudes fällt der Blick auf die Western Ghats, eine 2000 m hohe Gebirgskette, die Kerala von Tamil Nadu trennt. Mit diesem eindrucksvollen Blick beginnt und endet mein Tag.

Das Hospiz liegt zwischen den Orten Lakshmipuram und Periyakulam, deshalb gibt es keine offizielle Haltestelle der Linienbusse. Da aber einer der Buschauffeure schon einmal Patient im Hospiz war, hört er auf Anastasias »Signal« und lässt mich am Morgen vor dem Hospiz einsteigen. Junge Männer, die aneinander geklammert auf den Stufen des Busses hängen, drücken mich in

The men lodged on the ground-floor, lower their heads, when I, the white woman, walk by and greet them. Two old mothers of patients pass their day-time with their sick sons, in the night they sleep on mats at their bedsides.

Children and female patients are on the first floor. They all long for a friendly smile and to be touched. No relative ever shows up – even though a mother suffering from AIDS is irreplaceable, she is sometimes held to be responsible for her affliction, and as a result, female patients are often ostracised.

My room in an adjacent building consists of a steel bed and a rickety table. In this building reunions of patients' relatives and other meetings take place. Washing facilities are in the open air. From a water pipe drops a thin thread of water, which I catch in a goblet to take a »shower«. Quickly I learn to appreciate the value of water despite its non-drinking quality. From the roof terrace opens the view on the Western Ghats, a 2.000 m high mountain chain dividing Kerala from Tamil Nadu. With this magnificent view my days begin and my days end.

The hospice is situated between the villages of Lakshmipuram and Periyakulam, therefore there is no »official« bus stop. Yet, since one of the bus drivers has once been a patient in the hospice, he obeys Anastasia's »signal«, and I can board the bus in the morning. Young men clinging to each other on the bus-steps push me into

das übervolle Vehikel. Jemand auf einem Sitzplatz nimmt mir den Rucksack ab, damit ich mich festhalten kann, obwohl es ohnehin unmöglich ist, in diesem Gedränge umzufallen. Der Weg in die 16 km entfernte Stadt ist gesäumt von Ziegelbrennereien, einer Textilfabrik, einem kleinen, verschmutzten Teich, neben dem Wäsche zum Trocknen ausgelegt ist. Bei der Einfahrt in Theni muss ich erkennen, dass meine erinnerte Vorstellung von einer Dorfschule, in der ich mit kleinen Gruppen arbeiten könnte, heute ein Wunschbild ist. Aus dem Dorf ist eine Stadt geworden. Geschäftiges Treiben auf der Hauptstraße, Ochsenkarren, Lastwägen, Tiere, Bettler, Motorräder überall, links und rechts fahrend, wo immer eine Möglichkeit zum Weiterkommen besteht.

Und dann ein großes Tor – »Girls' Higher Secondary School«. Die Schule liegt in einem riesigen Innenhof, der von der Straße durch eine hohe Einzäunung abgeschirmt ist, um etwas Schutz vor Lärm und Schmutz zu bieten. Die Direktorin, Sr. Maria Therese, erwartet mich in einem offenen Büro und erklärt mir, wie sie mich einsetzen will. Für drei Klassen von 15-jährigen und zwei Klassen von 17-jährigen Mädchen wird nun täglich »spoken English« in ihren Stundenplan eingebaut. Bei einer Klassengröße zwischen 75 und 82 Schülerinnen ergibt das ein kräftiges Arbeitspensum von 400 Schülerinnen pro Tag. Wie das Wunschbild von der Dorfschule schwindet auch meine Vorstellung von Gruppenarbeit.

the fully-packed vehicle. A person seated takes over my rucksack to enable me to find a hold somewhere, though it is impossible to fall, since I am literally stuck in the crowd. The 16 km to town pass brickworks, a textile factory and a small dirty pond with washing spread out to dry. Approaching Theni I have to accept that my memories of a small village school where I can work with small groups has become wishful thinking. The village has grown into a town. Busy hustling on the main road, oxen carts, lorries, animals, beggars, motor bikes overtaking to the right and the left, wherever they see a possibility to move on.

And then a wide gate – »Girls' Higher Secondary School«. The school is situated in a huge inner courtyard, separated by a high wall protecting against noise, traffic and dirt. The headmaster Sr. Maria Therese welcomes me in her open office and explains her ideas about my job. Three classes of 15 year-old girls and two classes of 17 year-old girls will have »spoken English« added to their daily timetable. Considering a number of 75 to 82 pupils per class, this amounts to 400 pupils per day. My dream of the little village school and my idea of group-teaching vanish into thin air.

Sehnsucht

Yearning

Patienten im Hospiz / Patients in the hospice

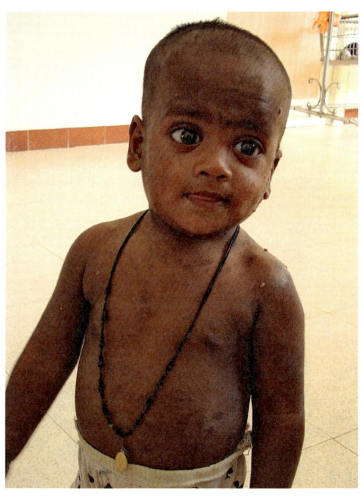

Sai

Mädchen im Hospiz / Girls in Jeevan Jyothi

Mit Sai und Godsend / With Sai and Godsend

Theni, Higher Secondary Girls' School

Geburtstagskind / On her birthday

In der Klasse / In the classroom

Mit Tänzerinnen / With the dancers

Im Schulhof / In the school courtyard

Sängerin und Lehrerin Leela Rose / Singer and teacher Leela Rose

Mütter bei Söhnen im Hospiz / Mothers in the hospice

Beim Spiel / Girls playing

Projektleiterin / Project director
Sr. Anastasia – Jeevan Jyothi

Umgang mit der Wirklichkeit

»*You must be flexible*«, sagt Anthony, ein Freund in Madurai. Das habe ich bald begriffen, nachdem ich in verschiedenen Klassen war. Die Größe der Räume wäre gerade ausreichend für ein Drittel der Schülerinnen, so aber sind sie aufs Engste zusammengepfercht und die, welche auf den Bänken keinen Platz finden, haben zwischen Tafel und Bänken einen Sitzplatz am Boden ergattert. Beim Betreten der Klasse müssen einige aufstehen, damit ich überhaupt hinein gehen kann. Tamil ist ihre Sprache, »*Kali Vanakam*« *(Guten Morgen)*
Englisch eine Fremdsprache, die noch so fremd ist, dass wir uns anfangs mehr mit Gesten verständigen als mit Worten. Wie soll denn bei dieser Anzahl von Schülerinnen jemals Gelegenheit sein, um die Sprache zu praktizieren? Doch Leela Rose, die erfahrenste der vier Englischlehrer, ist zuversichtlich.

Was wird eigentlich erwartet? Das Lehrbuch für die 9. Schulstufe ist auf einem sprachlichen Niveau, dem sie kaum folgen können, noch weniger den intellektuellen und geistigen Ansprüchen mancher Texte. Darin finde ich auch dieses Gedicht des indischen Schriftstellers Rabindranath Tagore, der 1913 den Nobelpreis für Literatur erhielt.

Give me the Strength
This is my prayer to thee, my lord –
Strike, strike at the root of penury in my heart.
Give me the strength to lightly bear my joys and sorrows.
Give me the strength to make my love fruitful in service.

Coping with reality

Anthony, a friend in Madurai told me: »*You must be flexible.*« Pretty soon I grasp the meaning, after having been in some of the classes. The size of the rooms is calculated just for one third of the actual number. They are crowded together and those who do not find room on the benches are seated on the floor squeezed in between blackboard, benches and wall. To let me enter the class-room some of them have to get up. Their language is Tamil

»*Kali Vanakam*« (»*Good morning*«).

The foreign language of English is so foreign to them that our communication begins with gestures rather than with words. How shall it ever be possible to find an opportunity of practising the language for this huge number of pupils? Yet Leela Rose, the most experienced of the four English teachers is confident.

What is actually expected? Their textbook for the 9th grade is written for a language level they are unable to follow, some of the texts are far above their intellectual standards. Among the texts I find a poem by Rabindranat Tagore, who received the Nobel prize for literature in 1913.

Give me the Strength
This is my prayer to thee, my lord –
Strike, strike at the root of penury in my heart.
Give me the strength to lightly bear my joys and sorrows.
Give me the strength to make my love fruitful in service.

> *Give me the strength never to disown*
> *The poor or bend my knees before insolent might.*
> *Give me the strength to raise my mind high above daily trifles.*
> *And give me the strength to surrender my strength*
> *To thy will with love.*

Als indischer Weiser hat er einen Ehrenplatz in den Lehrbüchern, seine Poesie gleicht einem Gebet. Die Texte im Lehrbuch der 11. Schulstufe sind vom Schwierigkeitsgrad noch verblüffender: Ein Shakespeare-Sonett und ein Ausschnitt aus einem Essay eines der bekanntesten Physiker, Stephen Hawkins, wären auch für unsere Schüler in Europa unbegreiflich. Für »spoken English« sind wir zum Glück nicht auf die Bücher angewiesen und ich versuche, eigenständige, kurze Sätze aus den Mädchen hervorzulocken.

Es ist erholsam, aus der Stadt hinauszufahren bis Lakshmipuram, dem Dorf mit einem Postamt. In der armseligen Einraumhütte leben drei Männer authentische indische Bürokratie, umgeben von verstaubten Akten, die sich bis zur Decke türmen. Nachdenklich hinter einem Schreibtisch sitzend sucht einer von ihnen in einem Nachschlagewerk, wo Österreich liegt, um den Wert der Briefmarke zu bestimmen. Ein anderer braut etwas und serviert mir süßen, milchigen Tee, während der Dritte die Rupien in einer Lade verschwinden lässt. Die Aerogramme, die sie mir verkaufen, sind so alt, dass der Klebstoff eingetrocknet ist, und diese mit Leukoplast verbunden werden müssen. Der Weg nach »Jeevan Jyothi« scheint in der Nachmittagshitze noch weiter als am Morgen, doch ein tuk-tuk, eine Autorikscha, nimmt mich mit.

Give me the strength never to disown
The poor or bend my knees before insolent might.
Give me the strength to raise my mind high above daily trifles.
And give me the strength to surrender my strength
To thy will with love.

Tagore, the Indian »wise man«, occupies an honorary place in all school-books. To my amazement I find a Shakespeare sonnet and excerpts from a Stephen Hawking paper among the texts contained in the school-book for the 11th grade. Such difficult texts would also be incomprehensible to our pupils. Thank God »spoken English« does not require any books, and I simply try to draw short, »self-made« sentences from the girls.

How pleasant it is to leave the city for Lakshmi-puram, the village with the post-office. In a miserable room three men live authentic Indian bureaucracy, surrounded by dusty files piled up to the ceiling. Thoughtfully reflecting, one of the men behind his desk tries to find out in a directory where Austria is actually situated in order to calculate the suitable price of the required stamp. Another one brews something and serves me sweet milky tea, while the third one cashes in the rupees and lets them disappear in a drawer. The aerograms they sell are so old that the glue has dried off and they have to be sealed with sticking plaster (Band-Aid). In the afternoon heat the way back to Jeevan Jyothi seems to be longer than in the morning, but a tuk-tuk, an automobile ricksha takes me back.

Im Hospiz ist es sehr ruhig – nach kurzer Zeit haben sich die Patienten an meine Anwesenheit gewöhnt und nicken mir zu. Täglich gehe ich zu den Kindern im Obergeschoß und bin erfrischt durch ihre Freude. Sai ist etwa drei Jahre alt, mit großen, dunklen, fragenden Augen und Anzeichen einer ausgebrochenen Infektion auf seinem nackten Oberkörper (Sai starb vier Monate nach meiner Abreise). Er ist nicht allein, da ist noch Godsend, ein einjähriger Knabe, weggelegt, gefunden und hierher gebracht und drei sechs- oder siebenjährige Mädchen, von denen Sudhu durch ihre fröhliche Art und ihren Tanz das Dasein der Aidskranken Frauen erhellt.

Morgens und abends esse ich gemeinsam mit den Krankenschwestern im Speiseraum neben der Küche, und sie lachen über meine Art, wie ich versuche, nur mit der rechten Hand Chapatis in mundgerechte Stücke zu zerkleinern und auch von dem herrlich gewürzten Gemüse etwas zu verspeisen. Die linke Hand wird als unrein betrachtet und wird deshalb nicht zum Essen, sondern nur zum Arbeiten verwendet. Am ersten Tag wurde mir Weißbrot gebracht und Besteck, aber die indische Küche schmeckt so gut, besonders wenn sie von der Hand in den Mund gereicht wird. In Südindien ist vor allem die vegetarische Küche daheim, doch an Festtagen wird auch Huhn oder Fisch serviert.

Mit wie viel Eifer und Begeisterung das Lernen aufgenommen wird, zeigen mir die neu dazu gekommenen Schülerinnen: Vier junge Krankenschwestern wollen am Abend eine Stunde, um ihre Englischkenntnisse zu verbessern, und fünf Novizinnen ziehen ins Hospiz ein, um am späten Nachmittag buchstäblich etwas über Gott und die Welt zu erfahren. Ihre Bereitschaft und Neu-

It is quiet in the hospice – the patients have quickly become accustomed to my presence and nod a greeting when I pass. Every day I come to see the children on the upper floor and I am refreshed by their joy of living. Sai is about three years old, with dark questioning eyes and traces of the infection on his naked chest. (Sai died four months after my departure.) He is not alone, there is Godsend, a one-year old boy put away, found and brought to this place, and three girls aged between six and seven. Sudhu, one of them, brings sunshine into the existence of the AIDS-afflicted women with her laughing way and her dancing.

In the morning and in the evening I share the meals with the nurses in the dining room next to the kitchen. They laugh when they watch me dividing chapatis into mouth-size pieces and eating the marvellously spiced vegetables with my right hand. The left one is considered »unclean«, therefore not fit for eating but for working only. On the first day they brought white bread as well as a fork and knife, but the Indian food tastes even more delicious when eaten by hand. Vegetarian food is mainly found in South India, yet on feast days chicken and fish might be served as well.

The new pupils show with how much enthusiasm and excitement learning is being picked up. Four young nurses want to improve their English in an extra-hour in the evening, in the afternoon five novices move into the hospice in order to – literally – learn something about God and the world. Their willingness and curiosity to learn more about geography, history and literature

gierde über Geographie, Geschichte und Literatur etwas zu entdecken, ist schier grenzenlos. Bei Sonnenuntergang auf der Dachterrasse sitzend, erzählen sie mir im Gegenzug aus ihrem Leben, von ihren hoffnungsvollen Vorstellungen, von indischen Mythen.

Jeder Tag birgt Neues. Schon nach ein paar Tagen ruft mich die Direktorin zu sich:

»Die langen Röcke, die du trägst, sehen aus wie ein Dothi oder Lungi, die bei uns nur von Männern getragen werden.«

Dothis sind die langen weißen Tücher und Lungis die gemusterten, bunten Wickelröcke der Männer. Alle Frauen tragen Saris, sogar am Bau, bei Straßenarbeiten oder auf dem Feld. Ich finde sie wunderschön und trage auch gern einen für eine kurze Zeit, aber tagsüber habe ich das Gefühl, dass ich diese seidene Umhüllung verlieren könnte. Also kleide ich mich nun in Chudithars, weite indische Hosen und knielange Hemdkleider, welche vor allem junge Frauen und Mädchen tragen.

An einem Morgen bringen Mädchen der 11. Schulstufe eine frische rote Rose in unsere Stunde, denn es ist der »Tag der Kinder«, Nehrus Geburtstag, der Kinder liebte – und Rot ist meine Lieblingsfarbe. Rosen sind in Indien eine Rarität, denn die Blume verträgt nicht die südliche Hitze, umso schöner und wertvoller ist dieses Geschenk.

Auch ein kleines Mädchen aus den ersten Klassen hat an diesem Tag Geburtstag, erkennbar daran, dass sie nicht die Schuluniform, sondern ihr eigenes Kleid trägt. Im Hof kommt sie auf mich zu und hält mir einen Becher mit kräftig gefärbten Zuckerln hin, von denen ich mir eines nehme. Sie bleibt bei mir stehen und senkt ihren Kopf, dass die glänzend schwarzen Zöpfe nach

seem boundless. I learn of their hopeful private aspirations and Indian myths when we watch the setting sun from the roof terrace.

Everyday brings something new. Already after a few days I am summoned by the headmistress:

»The long skirts you wear resemble the Dothi or Lungi, which here are only worn by men.«

Dothis are the long white cloths, Lungis the patterned and colourful wrapped-around skirts men wear. All women wear Saris, even when they are working at building sites, roads or in the fields. I find Saris beautiful and love to wear them for a short time, but during the day I am afraid I might lose this silken cover. I decide to put on Chudithars, the wide Indian trousers, in combination with knee-length shirts worn by girls and young women.

One morning some girls of the 11th grade bring a fresh red rose into the classroom, it is »children's day«, Nehru's birthday. He loved children and I love red, it is my preferred colour. In India roses are rare, since this flower cannot endure the southern heat. The more beautiful and the more precious is this present.

On the same day a small girl from the 1st grade also celebrates her birthday, easily to be seen, since she does not wear her school uniform but her own dress. She approaches me in the courtyard and offers a small cup of strongly-coloured sweets, I take one. She stays at my side and lowers her head, her shiny black pleats falling

vorne fallen. Eine vorbeigehende Lehrerin deutet mir an, meine Hände aufzulegen und sie zu segnen.

Der große Innenhof dient als erweiterter Klassenraum, denn nur dort können gleichzeitig über 2.100 Schülerinnen versammelt sein. Offizielle Veranstaltungen, an denen alle teilnehmen, finden hier statt. Mittags sitzen die Mädchen in den weiß-grünen Uniformen auf dem Sand und genießen ihre vegetarische Mahlzeit, die sie in Behältern mitgebracht haben. Es gibt Gemüse, Reis und manchmal ein gekochtes Ei. Obwohl sie so oft auf dem Boden sitzen, ist ihre Bekleidung immer sauber. Hier ist auch der Ort, an dem für Prüfungen gelernt wird und am Boden hockend, Texte auswendig gelernt (learning by heart) werden. Sogar am schulfreien Samstag finden sich die meisten Schülerinnen hier ein, um an einem sicheren, ruhigen Ort lernen zu können.

Selbst wenn indische Kinder sehr lernwillig und motiviert sind, bei so vielen Mädchen in einem kleinen Raum kann die Lautstärke schnell die Obergrenze erreichen. Dazu trägt auch die Bauweise bei, denn die Trennwände der Klassenräume sind oben offen, damit bei sommerlichen Temperaturen von 45 – 50 Grad Celsius auf natürliche Weise durch Zugluft gekühlt wird. An solchen Tagen gehen wir in den Schulhof, doch sind wir dort nicht die Einzigen, die dem Lärm entfliehen wollen. Für unsere Stunden gibt es keine Lehrmittel, weder Buch noch CD. Computer gibt es in der Schule keinen, nur unsere Stimmen und ein Stück Kreide stehen uns zur Verfügung. Das Spiel kurzer Szenen ermöglicht mehreren Mädchen gleichzeitig, sich an einem Stück zu beteiligen. Das sind Szenen aus ihrem Alltag, wie zum Markt gehen, mit Geschwistern reden, im Haushalt helfen.

forward. A teacher passing by signals to put my hands on her head to give her a blessing.

The large inner courtyard is used as an extra classroom, since it is the only place where all 2.100 pupils can come together. Here official events, in which all participate, take place. At lunchtime the girls sit on the sand in their white-green school uniforms enjoying their vegetarian meal brought along in small lunch boxes. There are vegetables, rice and sometimes a hard-boiled egg. Though they sit on the floor regularly, their clothes are always clean.

The courtyard is also the place where exams are prepared and – crouched on the ground – the girls learn texts by heart. Even on their free Saturdays most of them come here to study in the safety and silence of this place.

Indian children are eager to learn, yet with the large numbers in one classroom the level of noise is sometimes deafening. This is intensified by the construction of the building: the walls are open partitions with the draft functioning as air conditioning in temperatures of 45 to 50 degrees C. On such days we go to the courtyard and we are not the only ones trying to escape the noise. There is no teaching material for »spoken English«, neither books or CDs, nor computers, just our voices and a piece of chalk are at our disposal. Acting short scenes gives the opportunity to have the girls participate in a larger number. The scenes are taken from their everyday life, such as going to the market, chatting with their brothers and sisters or helping in the household.

Es ist eine Freude, mit diesen Mädchen zu arbeiten, sie sind so schnell zu begeistern. Ihr intensiver körperlicher Ausdruck (*»I feel, I feel«*) ersetzt mein oftmaliges Nicht-Verstehen der gesprochenen englischen Sprache mit ihrem starken Akzent. Sie gestikulieren und lehren mich einige Ausdrücke aus dem Tamil.
»Kali Vanakam« – *»Guten Morgen«*
»Nalla irkinla?« – *»Wie geht es Dir?«*
»Ungalai pardedil mahilchi« – *»Ich bin glücklich dich zu sehen«.*

Das ist schon der Einstieg in ein Gespräch, in dem man dann hoffentlich in der englischen Sprache weiter miteinander reden kann. Aber manchmal geht das Verstehen auch ohne Worte. Da sie gerne tanzen, wollen sie mir einen klassischen indischen Tanz vorführen. Es ist nur Platz für ein Mädchen, das sich in graziöser Weise auf engstem Raum bewegt. Dann ersuchen sie mich, zu tanzen und ich drehe mich im Kreis – im Walzerschritt. Zwei Tage später überrascht mich die Direktorin mit der Bitte, zwölf Mädchen der 11. Klassen den Walzer zu lehren. Es folgt keine Erklärung, warum wir Walzer tanzen sollen, doch wie so manches Unerklärliche wird es mir später klar, an dem Tag, an dem die Schule feiert. Von nun an beginnen die Tage an der Schule mit einer Tanzstunde. Es gibt zwar einen Kassettenrekorder, aber keine Walzermusik, außerdem regelmäßig Stromausfall. Die Tänzerinnen bringen Bollywood-Musik und dann geht es los. Es macht ihnen so viel Spaß, auch, weil sie einander in der Tanzhaltung berühren dürfen. Choreographisch entsteht ein buntes Tableau aus Bollywood-Bewegungen und Wiener Walzer-Schritten.

It is a pleasure to work with these girls, they are immediately motivated. Their intensive way of experiencing (»*I feel, I feel*«) and their physical expression often translates my misunderstanding of their English with the heavy accent. They gesticulate and teach me expressions in Tamil
»*Kali Vanakam!*« – »*Good morning!*«
»*Nalla irkinla?*« – »*How are you?*«
»*Ungalai pardedil mahilchi!*« – »*I am happy to see you*«.

This serves already for opening a conversation, which – hopefully – we soon will continue in English, though understanding does not always require words. Since they love dancing, they want to show me a classical Indian dance. There is only just enough room for one girl: She moves graciously in her tiny space. Then it is my turn to dance, and I dance a Viennese waltz. Two days later I am surprised by the headmaster's request to teach twelve girls from the 11th grade the Viennese waltz. There is no further explanation, why we should dance a Viennese waltz. Yet like so many other things, I will realize for myself a little later, on the occasion of a school festivity. From now on the school-day begins with a dancing lesson. There is a cassette recorder but no waltz music and besides that regular electricity cuts. The young dancers bring Bollywood music and off we go. It is great fun for them, since they are also allowed to touch each other. The choreography is a mixture of colourful Bollywood-movements and Viennese waltz-steps.

Die Wege hinaus aufs Land führen in eine fruchtbare, üppige Umgebung, wenn der Regen ausreichend war. Im Dezember wird der Reis zum zweiten Mal ausgesetzt, es reifen die Trauben, und die Kokospalmen ragen hoch über der Landschaft. Von diesen Bäumen ist alles verwertbar: Die Palmblätter für Dächer und Wände, die Stämme zum Bauen, die Kokosnuss und Kokosmilch zur Nahrung, die Schalen fürs Feuer, das Sisal für Teppiche und Seile. An den Häusern der Bauern, die Kardamom oder Kokospalmen besitzen, ist zu erkennen, dass sie wohlhabender sind als jene, die den Pfeffer ernten. Der Pfeffer wächst auf den Hügeln, wo es nachts kühler wird. Er klettert an schlanken Bäumen empor, kaum sichtbar in der Dunkelheit des Gestrüpps.

Viele der Schülerinnen kommen aus dem ländlichen Umfeld von Theni, ihre Eltern sind Bauern, Tagelöhner oder arbeiten in einem der vielen Läden und in kleinen Fabriken. Während der Schulzeit leben sie in Heimen, oft bis zu zwanzig in einem Raum. Für sie ist es ein Privileg, zur Schule gehen zu können und die »Higher Secondary School« abzuschließen. Trotzdem frage ich mich, was sie später tun werden, ob sie eine weiterführende Ausbildung genießen können, um Ärztinnen zu werden, wie viele von ihnen erträumen. Als ich sie darauf anspreche, steht ein Mädchen auf und sagt, sie möchte Sängerin werden. Mit geschlossenen Augen stimmt sie ein Lied an, das sie mit so viel Inbrunst singt, dass ihr Tränen herunter laufen. Am Ende weiß sie auch von den geringen Möglichkeiten, die Mädchen offen stehen und meint:

»*Wenn ich es nicht schaffe, meiner Tochter wird es gelingen.*«

The roads to the countryside lead through fertile, luxuriant environment, when there has been sufficient rain. In December rice is being planted a second time, grapes are ripening and coconut palms dominate the landscape. These trees are of multiple use – the palm leaves serve for roofs and walls, the tree trunks for construction, the coconut and coconut-milk for food, the shells for making fire and sisal fibre for mats and ropes. Farm-houses owned by farmers growing cardamom or coconut palms show that they are wealthier than those growing pepper. Pepper grows on hills where the nights cool down, it grows along sleek, thin trees and is hard to be seen in the darkness of the brushwood.

Many of the pupils come from the rural area of Theni, their parents are farmers, day-workers or employed in one of the numerous shops or in the small factories. During the school-term the pupils live in homes, often up to twenty in one room. It is a privilege for them to attend school and finish the »Higher Secondary School«. Nevertheless I wonder what they will do later on, whether they can profit from further education to become a doctor, as many of them are dreaming of. Once I ask, a girl gets up and tells me of her wish to become a singer. She begins to sing – her eyes closed – with such fervour that tears are running down her cheeks. Realistically she knows of the few opportunities for girls and concludes without regret

»If I don't manage, my daughter will!«

Ein Jahr später erfahre ich, dass sie sich für eine Computer Ausbildung entschieden hat, mit der sie auch eine Arbeitsstelle finden kann. Sie ersucht eine Englischlehrerin, mich zu kontaktieren, um sie finanziell zu unterstützen. Doch ihr Vater verweigert jegliche Hilfe.

Es ist ungewiss, für wie viele Mädchen ausreichende Mittel vorhanden sein werden, in einer Gesellschaft, die Mädchen als Belastung sieht, weil die Eltern für sie eine Mitgift aufbringen müssen, um sie zu verheiraten. Das Leben von starken, unabhängigen Frauen, wie Arundathi Roy, Schriftstellerin (»The God of Small Things«[4]) und politische Aktivistin, oder Vananda Shiva, Umweltaktivistin, finden mehr Beachtung außerhalb Indiens als im eigenen Land.

---

[4] Arundathi Roy, The God of small Things, Harper Collins Publisher, 1997

A year later I learn that she has decided to specialize in computers, which would allow her to find work. She asks her English teacher to contact me for financial support, yet her father refuses any help.

It is uncertain how many resources are available in a society regarding girls as a burden because of the parents' obligation to offer a dowry for marriage. The life of independent strong women like the politically active writer Arundathi Roy (»*The God of Small Things*«[4]) or the environment activist Vananda Shiva find attention only outside India.

---

[4] Arundathi Roy, The God of small Things, Harper Collins Publisher, 1997

Umgang mit der Wirklichkeit

Coping with reality

Im Slum / In the slum

Projekt: Aids Waisen in Theni / Project: aids orphans in Theni

Großmutter und Nachbarkinder / Grandmother and neighbours

Vor der Hütte / In front of the hut

Vor dem Hausaltar / In front of the altar

NRO / NGO Reaching the Unreached

Großmutter und Enkel / Grandmother and granddaughter

Straßenszene in Theni / Street scene in Theni

Slum

Besuch bei einer Familie / Visiting a family

Wiffer Bub / Smart boy

Sehen, Urteilen, Handeln – 2015

Nichts ist lauwarm auf diesem Subkontinent – das trifft auf das Klima ebenso zu wie auf menschliche Gefühle, Reaktionen und Handlungen. Was uns über die Medien erreicht und in alle Ecken der Welt vordringt, sind Berichte von brutalsten, grausamsten »gang-rapes« (Gruppenvergewaltigungen) und der alltäglichen Gewalt an Frauen. Worüber wir nichts erfahren, sind all die herzerwärmenden Taten, die versuchen, menschliches Leid zu lindern, wie in dem beeindruckenden Kinderprojekt »Reaching the Unreached«. In großen Lettern steht am Eingang zu lesen: »See, Judge, Act«, und genau das geschieht hier. Ab ihrem dritten Lebensjahr werden hier 950 Kinder betreut, bis sie mit einer abgeschlossenen Ausbildung auf eigenen Beinen stehen können. Es herrscht eine enge Zusammenarbeit mit dem Hospiz, wenn in Notsituationen spontane Hilfe für Kinder unter 3 Jahren gebraucht wird. Auch rasante Veränderungen durch die Globalisierung bringen Arbeitsmöglichkeiten für Frauen und damit die Hoffnung, unabhängig zu leben und eine Familie zu ernähren. Es wird dennoch eine Weile dauern, bis das in den Dörfern angekommen ist.

Eines gibt es aber jetzt schon: Schulbildung für Kinder, die von HIV betroffen sind, vielleicht sogar selbst den Virus tragen. Besonders für sie ist eine Schulbildung unbedingt notwendig. Sr. Anastasia von »Jeevan Jyothi Hospice« betreut im Bezirk Theni ein von mir finanziell unterstütztes Projekt (seit 2009), das Waisenkindern, vor allem Mädchen, ermöglicht, Schulbildung und Ausbildung zu bekommen. Die Väter sind oft an Aids ver-

See, Judge, Act – 2015

Lukewarm is a term unknown on this subcontinent, neither concerning climate nor human feelings, reactions or activities. Media reaching every corner of our world report about the most brutal and cruel »gang rapes« and daily violence against women. However, we never hear about the heart-warming activities which try to ease human suffering like the impressive children's project »Reaching the Unreached«. In thick letters above the doorway we read »See, Judge, Act«, and this is exactly what is done here. 950 children are being looked after, from the age of three until they have finished schooling and acquired the necessary tools for a life on their own two feet. There is a close cooperation with the hospice in case of urgent help with children under three.

Changes initiated by the world's globalization bring working possibilities/jobs for women, and thus hope for leading an independent life as well as taking care of their families. Though it will take some time before the villages are reached.

But one thing exists already: schooling for girls and boys affected and infected by HIV. It is essential for them to go to school and live in a family setting. Sr. Anastasia from the Jeevan Jyothi Hospice is heading a project for orphans in the district of Theni – financially supported by myself (since 2009), the author of this book – to offer schooling and learning a craft / trade. Often the fathers are already dead because of AIDS,

storben, überlebende Mütter oder Großmütter kümmern sich um die Kinder, so dass sie im Familienverband aufwachsen können. Falls die Jugendlichen HIV positiv sind, werden sie mit den nötigen Medikamenten versorgt und natürlich mit Reis und Linsen. Bei meinen Besuchen einiger Familien begegnen mir die unterschiedlichsten Menschen, die auf unterschiedlichste Art und Weise ihr Schicksal meistern.

- Eine Großmutter und zwei Enkel, Bub und Mädchen – Der Bub ist HIV positiv. –
  Mit einem Mikrokredit kauft sie eine Kuh, verleiht sie an Nachbarn und bestreitet so den Lebensunterhalt, einschließlich Rückzahlung des Kredits.
- Eine Mutter mit Tochter –
  Sie sammeln gefallene, überreife Mangos oder andere Früchte und machen Chutneys daraus zum Verkauf.
- Eine Mutter arbeitet in einer Feuerwerksfabrik –
  Von den beiden Kindern ist eines körperlich behindert, das andere studiert »engineering« und gehört zu den Besten am College.
- Großmutter und Großvater mit ihrer Enkelin –
  Sie leben in einem Raum und verdienen ein paar Rupien mit Bügeln auf der Straße.
- Ein Bub, etwa 13 Jahre, ganz allein –
  Er kommt zum Hospiz, um einmal monatlich Reis zu holen. Er war ein »drop-out«, kehrt wieder in die Schule zurück und lebt nun bei einer Tante.

Ihre Behausungen sind winzig, oft nur einige Quadratmeter, Palmzweige als Dach, ein Blechverschlag als Tür und ein paar Töpfe bei der Feuerstelle im Freien sind alles, was sie haben.

some mothers are still alive or grandmothers who take care of the children assuring their growing up in family surroundings. In case a young person is HIV positive, the necessary, required medication is provided as well as rice and lentils. Visiting some of these families every time I go to India I meet a panoply of different people who face their fate in the most varying ways:

- A grandmother and her two grandchildren – a boy and a girl – The boy is HIV positive.
  Financed with a micro-loan she bought a cow and lends it to their neighbours thus subsisting and being able to repay the loan.
- A mother with her daughter –
  They collect overripe mangoes and other fruit and prepare chutneys to be sold on the market
- A mother works in a fireworks factory –
  One of her two children is handicapped, the other one studies engineering and is among the best in college
- Grandmother and grandfather with their grandchild –
  They live in one room and earn a few rupees with ironing in the street
- A boy about 13, is all on his own, comes once a month to the hospice to get some rice. He was a »drop out«, is now back to school and lives with his aunt.

Their lodgings are tiny, mostly just a few square metres, palm leaves are the roof, a metal door for a bit of privacy and some pots stand next to the fireplace in the open air.

Ich sehe die selbstbewussten jungen Menschen und weiß, dass jeder Euro für das Projekt »Aids Orphaans in Theni« zum Gelingen ihres Lebens beitragen kann. Und ich bin den vielen Freunden und Bekannten dankbar, die sich durch Spenden an diesem Projekt für Waisenkinder im Bezirk Theni in Tamil Nadu beteiligt haben und weiterhin mithelfen.

»Geschenke geben und Geschenke nehmen,
Bei anderen speisen, anderen Speise reichen,
Freuden und Sorgen miteinander teilen.
Hier diese sechs sind der Freundschaft Zeichen.«

(Aus Sanskrit Poesie, learned by heart.)

I see these self-assured young people and know that every single Euro for the project »Aids Orphans in Theni« will help to improve their lives. I am grateful to the numerous friends and acquaintances for their donations that helped to start the orphans' project in the community of Theni in Tamil Nadu and will help to continue in the future.

Offering presents and accepting presents,
Eating at another's table and sharing your own meal,
Listening to another's joys and sorrows and sharing my own.
These six actions are the signs of friendship.

(Sanskrit poetry, learned by heart)

Ausklang

Conclusion

Western Ghats

Kodaikanal

Kodaikanal

Picknick in Mysore / Picnic in Mysore: Rose, Anthony, Fr. Tony

Tempel im Dorf / Village temple

Landstrasse / Country road

Backwaters, Kerala

Mit Novizinnen im Jain Tempel / Novices in the Jain Temple

Dorothea mit Sangam-Mitgliedern / Dorothea with members of the Sangam

Jessy

Sangam

Schule in Venkatrayapuram / School class in Venkatrayapuram

Erika Hager, geboren in Raab, Oberösterreich, fand nach Auslandsaufenthalten in England, Frankreich, den Niederlanden und Canada die »Mitte ihrer weiten Welt« im Waldviertel. 25 Jahre unterrichtete sie Englisch und Philosophie am Gymnasium Gmünd. Studien an der University of Calgary, Wien und an der Southbank University, London.

»Geh hin, wo der Pfeffer wächst« gibt unserer humanitären Verpflichtung zu »weltweiter Bildung« und Bildung zur Nachhaltigkeit eine überzeugende Stimme. Mit dem Verkauf des Buches wird das Projekt »Aids Waisenkinder in Theni«, Südindien, unterstützt.

Erika Hager, born in Raab, Upper Austria, has worked in England, France, the Netherlands and Canada. Then she found her »centre of the world« in the Waldviertel, Lower Austria. 25 years she taught English and philosophy at the Grammar School in Gmünd. Studies at the University of Calgary, Vienna and at the Southbank University of London.

»Oh to be where the pepper grows« speaks loud and convincingly of our humanitarian obligation for »world-wide education/ education for sustainability«. The sales proceeds will support the »Aids-orphans Project in Theni« South India.